KÜNSTLERISCH DURCHS KITA-JAHR

Effektvolle Kunstprojekte mit einfachen Techniken

Annette Riegel

Verlag an der Ruhr

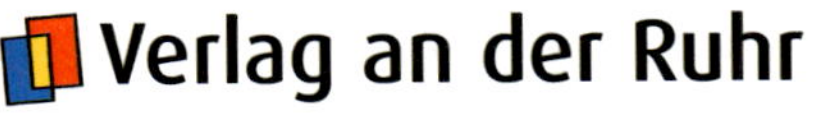

Impressum

Titel
Kita-Kunst-Ideen
Künstlerisch durchs Kita-Jahr
Effektvolle Kunstprojekte mit einfachen Techniken

Autorin
Annette Riegel

Umschlagbilder
Farbhintergrund: ozzichka | shutterstock.com; Foto: siamionau pavel | shutterstock.com

Lektorat
Katia Simon

Satz und Layout
Thomas Krauß, krauß-verlagsservice

Druck
Heenemann GmbH & Co. KG, Berlin, DE

Verlag an der Ruhr
Mülheim an der Ruhr
www.verlagruhr.de

Geeignet für Kinder von 3–6 Jahren

ISBN 978-3-8346-4369-8

Ein paar Worte vorab 4

PROJEKTE IM KITA-JAHR

AUGUST: Glückssteine filzen 12
SEPTEMBER: Frottage mit Herbstblättern und Sammelsurium 20
OKTOBER: Freies Malen und Kleistermalerei 26
NOVEMBER: Wachs-Ritz-Technik 32
DEZEMBER: Styrodurdruck 36
JANUAR: Malen mit Salz 44
FEBRUAR: Selbst gestaltete Karnevalsorden 54
MÄRZ: Bilderbuchprojekt zum Thema „Frühling" 58
APRIL: Kunststoff-Ostereier umfilzen oder komplette Ostereier filzen 68
MAI: Regenbogen-Zauberbild 74
JUNI: Farbkreis mit Aquarellfarben 78
JULI: Malen wie die großen Künstler 84
Zum Abschluss des Kreativ-Jahres 88

ANHANG

Beispiel für einen Elternbrief: Die Kreativ-Stunde 89
Kopiervorlage: Clown für den Karnevalsorden 90
Empfohlene Bücher 91
Tipps für den Materialeinkauf 92
Bildnachweis 94

Autorinneninfo/Dank 95

Ein paar Worte vorab

Über dieses Buch

Der Beginn eines Kita-Jahres bietet sich dafür an, etwas Neues einzuführen, beispielsweise eine wöchentlich stattfindende Kreativ-Stunde. Sie können diese mit einer festen oder einer wechselnden (Klein-)Gruppe durchführen, vielleicht sogar ausschließlich mit den Vorschulkindern.

In diesem Buch stelle ich Ihnen zwölf abwechslungsreiche Kunstprojekte für Kita-Kinder vor: für jeden Monat im Kita-Jahr eines. Die meisten Projekte sind schon mit 3- bis 4-Jährigen durchführbar. Die Kreativprojekte sind zu Beginn des Buches einfacher und nehmen nicht zu viel Zeit in Anspruch, im Laufe des Kita-Jahres werden sie dann anspruchsvoller und dauern länger – manche mehrere Wochen. Auf diese Weise werden ganz nebenbei Ausdauer und Konzentration der Kinder gefördert und sie werden darauf vorbereitet, bis zu 45 Minuten oder länger bei der Sache zu bleiben.

Alle Projekte in diesem Buch habe ich während meiner praktischen Arbeit in der Kita entwickelt. Sie sind also erprobt und gut durchdacht. Die begleitenden Fotos stammen aus meinen Kreativ-Stunden.

Die Bedeutung von kreativem Gestalten in der Kita

Kreatives Gestalten ist eine Möglichkeit, uns selbst, unsere Gefühle und das, was wir sehen und erleben, auszudrücken. Die ältesten erhaltenen Zeugnisse bildender Kunst des Menschen sind über 40 000 Jahre alte Höhlenmalereien. Sie beweisen, dass die Menschen schon früh das Bedürfnis hatten, Erlebtes oder möglicherweise auch Träume und Wünsche in Bildern zu verarbeiten. Das Verlangen, etwas darzustellen, scheint tief in uns verankert zu sein. Jedes Kind entdeckt irgendwann, meist im Laufe des zweiten Lebensjahres, dass es mit einem Stift Spuren auf dem Papier hinterlassen kann. Wenn es Zugang zu Papier und Zeichenmaterial hat, wird es diese Fähigkeit mit Freude weiter üben, so wie es auch Gehen und Sprechen nach und nach lernt und vervollkommnet. Dabei durchlaufen alle Kinder dieser Welt bestimmte Entwicklungsstufen, die über das Kritzeln, die Kopffüßler, das erste gegenständliche Zeichnen ab etwa vier Jahren bis zum perspektivischen Zeichnen um das achte Lebensjahr reichen. In der Kita gibt es noch genug zeitlichen Freiraum, um den Kindern vielfältige Anregungen und Material zur Verfügung zu stellen, damit sie ihr Urbedürfnis nach künstlerischem Ausdruck ausleben können.

Marie (4 Jahre) sitzt am Tisch und malt mit Wachsmalstiften. Sie ist ganz vertieft in ihre Arbeit. Erst entsteht die Erde, dann der Himmel mit Sonne und Wolken. Danach möchte Marie einen Löwen auf ihrem Bild haben, weil sie am Wochenende mit ihrer Familie im Zoo gewesen ist. „Kannst du mir einen Löwen malen?", fragt sie ihre Erzieherin, die gerade vorbeikommt. „Ach, das kannst du selber", antwortet die und will weitergehen. Marie hält sie am Rockzipfel fest: „Nein, ich kann das nicht, dann sieht der nicht schön aus!", ruft Marie und legt möglichst viel Verzweiflung in ihre Stimme. Solche Szenen haben Sie in Ihrer Arbeit sicher auch schon oft erlebt. Was ist hier passiert? Warum sind manche Kinder schon so früh entmutigt? Häufig haben sie bereits von Erwachsenen oder älteren Geschwistern gehört, dass ihr Bild nicht „schön" sei, sie sich nicht genug Mühe gegeben hätten oder die Sonne doch gelb sei und nicht rot. Ihre Bilder sind also bewertet worden und die Kinder haben das Gefühl entwickelt: „Ich kann das nicht, andere können das besser."

Künstlerisch tätige Kinder sind mit einer großen Konzentration bei der Arbeit.

Das ist schade und wir haben als frühpädagogische Fachkräfte die Aufgabe, den Kindern, denen Freude und Unbekümmertheit im kreativen Tun verloren gegangen ist, wieder Vertrauen in ihre Fähigkeiten zurückzugeben.

Für dieses Buch habe ich deshalb künstlerische Techniken ausgewählt, die den Kindern möglichst viel Freiheit lassen und ihr Selbstvertrauen in ihre eigenen künstlerischen Fähigkeiten stärken. Die hier vorgestellten Projekte machen allen Kindern Spaß – Jungen wie Mädchen, denn sie sind prozessorientiert: Es verändert sich etwas, das ist spannend. Beim Aquarellmalen wird aus Gelb und Blau Grün. Wenn noch Rot dazukommt, entsteht Braun und am Ende sieht das Bild manchmal aus wie eine Schlammwüste. Beim Filzen wird aus weicher Wolle fester Filz. Das Ergebnis kann „schön" aussehen, muss es aber nicht, denn der Weg dorthin und was die Kinder dabei erleben und lernen, ist das eigentlich Wichtige.

WICHTIG!

Wenn die Kinder spüren, dass ihnen Freiraum gegeben wird, entspannen sie sich und verlieren langsam die Angst, etwas „falsch" zu machen. Denn richtig und falsch gibt es in der Kunst nicht.

Die kreativen Techniken und ihr Förderpotenzial

Welche kreativen Techniken werden in diesem Buch angewendet? – Es handelt sich um grundlegende künstlerische und kreative Techniken, wie Nass-in-Nass-Malen, Kleistermalerei, Wachs-Ritz-Technik, Frottage, Drucken, Zeichnen und Filzen. Jede dieser Techniken hat ihre Besonderheiten und ihr spezifisches Förderpotenzial. Im Folgenden stelle ich die einzelnen Techniken kurz vor, in der Reihenfolge, wie sie in diesem Buch eingesetzt werden.

Das **Nassfilzen** spricht insbesondere den Tastsinn an. Die Hände spüren die Wolle und wie sie sich durch die Seife und das heiße Wasser verändert, fester wird und allmählich verfilzt. Dabei lernen die Kinder, ihre Kraft in den Händen gezielt einzusetzen: Üben sie zu wenig Druck aus, geschieht nichts; wenn sie dagegen am Anfang zu kräftig reiben, löst sich die Wolle wieder ab. Später, wenn die Wolle schon gut angefilzt ist, kann ruhig mit viel Druck gearbeitet werden. Durch das Arbeiten mit beiden Händen wird die Rechts-Links-Koordination geschult, insbesondere wenn das Filzobjekt in beiden Händen gehalten wird wie bei den umfilzten Steinen oder den umfilzten Ostereiern. Das warme Wasser entspannt zudem.

Ich erlebe immer wieder, dass unruhige Kinder durch das Filzen ruhiger und konzentrierter werden. Zurückhaltende oder sehr ruhige Kinder werden dagegen aktiver, sodass man schon fast von einer therapeutischen Wirkung des Filzens sprechen kann. Auch Geduld wird geübt, denn der Filzprozess kann nicht beschleunigt werden, er braucht eben seine Zeit. Als Einstieg in die Kreativprojekt-Arbeit ist das Filzen besonders geeignet, weil nicht mit Stiften oder Papier gearbeitet wird und die Kinder daher ganz neue Erfahrungen machen können.

Die **Frottage** ist eine Technik, die einfach und voraussetzungslos ist und auch schon sehr gut mit jüngeren Kindern ab etwa drei Jahren durchgeführt werden kann. Der Begriff stammt aus dem französischen (*frotter* = reiben) und beschreibt die folgende Tätigkeit: Ein Objekt, z. B. das Blatt eines Baumes, Geldstücke oder ein Stück Holz, wird unter Papier gelegt und dann mithilfe eines weichen Bleistiftes oder Wachsmalblöckchens durchgerieben. Dabei entwickeln die Kinder viel Fantasie und fangen an, Gegenstände zu suchen, die sie durchreiben wollen. Die Vorstellungskraft wird geschult, denn die Kinder erleben, wie verändert der durchgeriebene Gegenstand auf dem Papier aussieht, und suchen anhand dieser Erfahrung gezielt Objekte, die spannende Ergebnisse versprechen.

Das **freie Malen** und das **Kleistermalen** führen die Kinder in die Welt der Farben und den Umgang mit dem Pinsel ein. Beide Techniken lassen den Kindern viel Raum zum Experimentieren. Es wird kein Thema vorgegeben, sie dürfen „einfach loslegen", was man ihnen meist nicht 2-mal sagen muss.

Das freie Malen kann mit verschiedenen Farben durchgeführt werden, beispielsweise mit Aquarellfarben, Deckfarben oder Transparentmalfarben, die alle in diesem Buch eingesetzt werden. Bei der Kleistermalerei wird mit Aquarell- oder anderen flüssig angerührten Farben auf Tapetenkleister gemalt. Dieser Untergrund hilft, bei der Pinselführung lockerer zu werden, und bietet ein sinnliches Farberleben.

Die **Wachs-Ritz-Technik** erfordert noch mehr vorausschauendes Handeln: Hier wird zunächst ein Bild mit Wachsmalstiften in leuchtenden Farben, wie Gelb, Orange oder Rot, gemalt. Danach wird über das fertige Bild eine Schicht mit schwarzer Wachsmalfarbe gelegt. Es fällt manchen Kindern nicht leicht, ihr schönes Bild zu übermalen. Jedoch wird es danach zumindest teilweise wieder freigelegt, denn mithilfe eines Schabers, wie er jedem Wachsmalfarbkasten beigelegt ist, werden nun Muster oder Motive hineingekratzt, wodurch die Farben darunter wieder sichtbar werden.

Mit dem **Styrodurdruck** lernen die Kinder eine erste Drucktechnik kennen. Styrodur ist ein Produkt aus einem Kunststoff (Polystyrol), das ursprünglich als Dämmplatte für das Baugewerbe entwickelt wurde, in einer sehr dünnen Ausführung (3–5 mm dick) jedoch schon lange im Kunst- und Bastelbereich verwendet wird. Das Material ist relativ weich und lässt sich schon mit einem Bleistift einritzen, was es für den Einsatz in der Kita besonders geeignet macht. Beim Drucken wird nun die Planungsfähigkeit der Kinder weiterentwickelt. Sie erleben einen Positiv-Negativ-Effekt: Das in das Styrodur eingeritzte Bild wird seitenverkehrt abgedruckt. Die eingeritzten Linien bleiben weiß, alles andere wird farbig.

Bei der **Nass-in-Nass-Technik** wird mit Aquarellfarben auf feuchtem Papier gemalt. Die Farben werden in Tuben oder Flaschen gekauft und dann mit Wasser angerührt. Zum Malen wird ein breiter Pinsel benötigt, dessen Handhabung die Feinmotorik fördert. Viele Kinder üben anfangs zu viel Druck mit dem Pinsel aus, wodurch er auf dem Papier kratzt. Sie lernen, dass es wichtig ist, den Pinsel leicht und locker aus dem Handgelenk heraus zu bewegen, was für das spätere Schreibenlernen eine sehr gute Vorbereitung ist. Das Malen mit Wasserfarben ist außerdem für Überraschungen gut, denn die feuchte Farbe fließt und das Ergebnis ist nicht vorhersehbar. Es werden zwei verschiedene Techniken vorgestellt, bei denen Farbe und Salz kombiniert werden. Bei den „Salzspuren" wird Salz auf flüssigen Kleber gestreut und anschließend mit Acrylfarben bemalt. Bei der zweiten Technik, hier „Salz trifft Aquarell" genannt, wird Kochsalz in die noch feuchte Farbe gestreut, wodurch zusätzliche interessante Verlaufeffekte entstehen.

Beim Basteln des **Karnevalsordens** arbeiten die Kinder mit verschiedenen Materialien: Glitzer, Pailletten, Tortenspitze und anderen schönen Dingen. Hier regen Sie die Kinder an, vorab einen Entwurf zu machen, der anschließend auf eine runde Pappscheibe übertragen wird, oder die Kopiervorlage hinten im Buch zu nutzen. Die Kinder machen die Erfahrung, dass Zeichnen bzw. Malen auch formatabhängig ist.

Das **Bilderbuchprojekt** wird vermutlich mehr als vier Wochen in Anspruch nehmen. Die Kinder lernen verschiedene Frühlingsgedichte kennen, zu denen sie passende Illustrationen mit Wachsmalstiften oder Wasserfarben (Deckfarben) zeichnen bzw. malen oder auch mit den Fingern drucken. Dieses Projekt erfordert Durchhaltevermögen, aber umso größer ist die Freude, wenn die Kinder am Ende ein fertiges Buch mit nach Hause nehmen.

Das bereits eingeführte **Nassfilzen** wird anspruchsvoller: Diesmal werden Kunststoffeier mit mehreren Schichten farbiger Wolle umwickelt und gefilzt. Das ist etwas schwieriger, als den Stein zu umfilzen, weil der Kunststoff so glatt ist. Die Kinder haben den Prozess des Filzens aber noch in Erinnerung und lernen diesmal, anfangs noch vorsichtiger zu Werke zu gehen, damit die Wolle anfilzt. Eine zweite Möglichkeit zur Steigerung des Schwierigkeitsgrades ist das Filzen ohne Kunststoff-Kern, also das Ei komplett aus Wolle herzustellen.

Für das **„Zauberbild“** werden Wachs- und Aquarellmalerei miteinander kombiniert. Zunächst malen die Kinder mit Wachsmalblöckchen einen Regenbogen. Wenn die Kinder die Bögen malen, kommen sie mit dem Arm in eine Schwungbewegung, die ihnen hilft, im Handgelenk lockerer zu werden. Wenn das Regenbogenbild fertig ist, wird eine Schicht blaue Aquarellfarbe darübergelegt: Die Kinder erleben mit Staunen, dass die fetthaltigen Wachsmalfarben die Wasserfarben nicht annehmen und der Regenbogen darunter wieder sichtbar wird.

Die Kinder erfahren etwas über die **Farbenlehre** und lernen anhand des Bilderbuchs *Das kleine Blau und das kleine Gelb* von Leo Lionni die drei Grundfarben Gelb, Blau und Rot sowie die Mischfarben Grün, Violett und Orange kennen. Sie mischen diese Farben selbst und malen als Abschluss dieses Projektes einen Farbkreis. Der Regenbogen hat die gleiche Farbfolge wie der Farbkreis, sodass die Kinder Bekanntes wiederentdecken können und sich das Gelernte festigt.

Das Kapitel „Wir malen wie die großen Künstler“ bildet den Abschluss der Kunstprojekte. Hier wird mit **Aquarellfarben** gearbeitet. Die Kinder erfahren zunächst, dass Künstler*in oder Maler*in ein echter Beruf ist, für den man viele Jahre studieren muss. Am Beispiel von Albrecht Dürer und seinem Bild *Das große Rasenstück* lernen die Kinder ein Kunstwerk kennen. Nach der Betrachtung gehen sie selbst hinaus und beobachten, was es dort zu sehen gibt.

Zurück im Atelier malen die Kinder mit Aquarellfarben, woran sie sich erinnern. Durch die Aquarelltechnik wird der Schwerpunkt auf die farbliche Darstellung, nicht auf die Form und die naturgetreue Abbildung gelegt. Hier werden insbesondere die Beobachtungs- und Erinnerungsfähigkeit trainiert.

Rahmenbedingungen

Neben Ideen, Materialien und Techniken brauchen Sie vor allem einen geeigneten Raum, in dem Sie die Kreativ-Stunden anbieten können. Wie sollte dieser Raum beschaffen sein? Und was ist bei der Gestaltung der Angebote zu beachten?

Der Raum ist idealerweise ein geschlossener Nebenraum mit unempfindlichem Boden. Er sollte mindestens 15 m^2 groß und mit Tischen, Stühlen, einem Waschbecken und Regalen ausgestattet sein, in denen das Material gelagert werden kann. Solche Bedingungen werden nicht überall gegeben sein, aber Improvisation ist ja bekanntlich auch eine Kunst. Wenn kein geschlossener Nebenraum vorhanden ist, kann die Kreativ-Stunde natürlich auch in einem offenen Nebenraum, zur Not im Flur oder im Sommer in einer Ecke des Gartens durchgeführt werden. Jedoch sollte ein gewisses Maß an Ruhe möglich sein, damit die Kinder wirklich konzentriert arbeiten können. Falls der Boden nicht gefliest oder mit Linoleum ausgestattet ist, können Sie sich mit Abdeckplanen behelfen. Auch die Tische sollten unempfindlich sein. Wir benutzen ausrangierte alte Tische für die Kreativarbeit. Wenn kein Waschbecken im Raum vorhanden ist, tut es auch eine große Plastikschüssel, die zum Pinselauswaschen etc. nötig ist. Ein guter Überblick über das Material ist wichtig, dafür eignen sich transparente Plastikkisten mit Deckel, in denen jeweils das Material für eine Technik aufbewahrt wird. Sehr hilfreich zum Trocknen von Bildern ist ein Bildtrocken-Gestell. (Tipps für den Materialeinkauf, siehe Anhang S. 92)

Größe und Zusammensetzung der Kindergruppe variiert nach Alter der Kinder, Art der Technik und dem, was Sie sich zutrauen. Beim Filzen sind vier Kinder in der Regel die Obergrenze, bei der Frottage können es auch mal zehn sein. Ich habe das geeignete Alter der Kinder sowie einen Anhaltspunkt zur Gruppengröße und Dauer bei jedem Projekt mit angegeben. Ob die Gruppe fest oder offen ist, richtet sich nach dem Konzept Ihrer Einrichtung und der Absprache im Team. Möglich ist, eine altershomogene Gruppe für die Kreativ-Stunde auszuwählen, z. B. nur die Vorschulkinder. Da für jedes Projekt vier Wochen vorgesehen sind, kommen auch bei größeren Gruppen alle mal dran.

Der **Zeitpunkt** der Kreativ-Stunde sollte möglichst früh am Tag sein, wenn die Kinder noch ausgeruht und aufnahmefähig sind. Das richtet sich aber natürlich auch nach den Abläufen in Ihrer Einrichtung. Wenn es nicht möglich ist, die

Kreativ-Stunde morgens, z. B. um 9.00 Uhr, durchzuführen, kann sie auch nachmittags nach der Mittagspause oder nach dem zweiten Freispiel durchgeführt werden. In unserer Einrichtung findet die Kreativ-Stunde einmal wöchentlich statt. Denkbar wäre auch eine Projektphase, in der täglich künstlerisch gearbeitet wird, wenn genug Personal verfügbar ist.

Die Gestaltung der Angebote variiert ebenfalls je nach Projekt und Alter der Kinder. Wichtig ist mir persönlich eine kleine Einführung in das jeweilige Projekt, z. B. durch ein Gedicht, eine kurze Geschichte oder ein Lied, das die Kinder zum Thema hinführt. Ich mache in diesem Buch einige Vorschläge, was Sie jeweils zur Einführung verwenden können, aber da sind Ihrer Freiheit und Kreativität natürlich keine Grenzen gesetzt.

TIPP:

Suchen Sie ein Gedicht oder Lied aus, das Sie selber besonders mögen, um den Kindern den Übergang vom Freispiel in die angeleitete Kreativ-Stunde zu erleichtern.

Auch ein gemeinsamer Abschluss, in dem alle in dieser Stunde entstandenen Kunstwerke betrachtet und gewürdigt werden, und natürlich das gemeinsame Aufräumen gehören zur Kreativ-Stunde dazu.

Zur **Vorbereitung** der Kreativ-Stunden sollten Sie die jeweilige Technik vorher ohne Kinder ausprobieren, wenn Sie sie noch nicht kennen. Nur so wissen Sie später, wie Sie am besten vorgehen, und können den Kindern bei Schwierigkeiten besser zur Seite stehen. Alle benötigten Materialien sollten Sie vor Beginn der Kreativ-Stunde bereitstellen und dann mit den Kindern zusammen vorbereiten. Diese können z. B. helfen, die Farbe anzurühren, die Seifenlauge herzustellen usw. Bei jüngeren Kindern, deren Aufmerksamkeitsspanne noch begrenzt ist, bereiten Sie so viel wie möglich selbst vor, damit die Kinder nicht schon ihr „Pulver verschossen haben", bevor es richtig losgeht. Mit Vorschulkindern hat es sich bewährt zur Vorbereitung und zum Aufräumen jeweils zwei bis drei Kinder zu benennen, sodass alle mal an die Reihe kommen.

Auch die **Elternarbeit** gehört zur Kreativ-Stunde dazu. Vor Beginn der Projekte sollten die Eltern über Inhalte und Ziele der Kreativ-Stunden informiert werden. Besonders wichtig ist es, ihnen an einem Elternabend oder in einem Elternbrief zu erläutern, dass bei den Kreativ-Projekten nicht das Ergebnis im Vordergrund steht, sondern der Weg dorthin. Wenn die Eltern Ihnen die Erlaubnis zum Fotografieren erteilt haben, können Sie während der Kreativ-Stunden hin und wieder Fotos von den Kindern machen und, mit Erläuterungen versehen, z. B. per E-Mail als Elternbrief verschicken. So können die Eltern am besten nachvollziehen, was diese Art des kreativen Schaffens für ihr Kind bedeutet. Ein Beispiel für einen vorbereitenden Elternbrief finden Sie im Anhang des Buches (siehe S. 89). Dort finden Sie auch eine Übersicht der verwendeten und empfohlenen Bilderbücher, weiterführende Literatur, Quellenangaben zu den verwendeten Gedichten sowie Tipps für den Bezug der Materialien.

Das Tischeputzen mit viel Schaum ist sehr beliebt.

Und nun wünsche ich Ihnen viel Freude bei der Umsetzung der Kreativ-Projekte in Ihrer Einrichtung!

AUGUST

Glückssteine filzen

Als Einstieg in die Kreativarbeit eignet sich das Nassfilzen besonders gut, da es eine haptische Erfahrung ist. Statt mit Papier und Stiften arbeiten die Kinder mit Wolle, warmer Seifenlauge und beiden Händen. Das spricht nach meiner Erfahrung alle Kinder an, auch solche, die um den Maltisch einen großen Bogen machen.

Zu Beginn können Sie von den Schafen erzählen, deren Wolle die Kinder jetzt verarbeiten werden. Das Bilderbuch *Pelles neue Kleider* von Elsa Beskow beschreibt den Weg vom Schaf zum Kleidungsstück, der den Kindern heute nicht mehr vertraut ist, und eignet sich gut zur Einführung in das Thema.

Besprechen Sie mit den Kindern, warum Wolle filzt: Dazu braucht es (beim Nassfilzen) heißes Wasser, Seife und Reibung. Anhand eines Fichtenzapfens können Sie den Kindern den schuppenförmigen Aufbau der Wollfasern gut zeigen. Nachdem die Schuppen der Wollfasern durch das heiße Wasser und die Seife weit abgespreizt wurden und nicht mehr glatt anliegen, können sie durch die Reibung fest und untrennbar miteinander verhakt werden: Das ist das Prinzip des Filzens.

Der Fichtenzapfen ist ähnlich schuppenförmig aufgebaut wie Wollfasern oder auch menschliches Haar.

Alter: ab 3 Jahre **Gruppengröße:** 3–4 Kinder

Dauer: 30–45 Minuten

Material zum Glückssteinefilzen:

- Kieselsteine, möglichst gleichmäßig geformt und nicht zu groß
- Filzwolle, weiß und farbig
- Olivenseife, im Block oder in Flocken
- kleine Metallreibe (falls die Seife im Block ist)
- Thermoskanne
- Schneebesen
- 2 Plastikschüsseln (Ø ca. 20-30 cm), eine für die Seifenlauge, die andere für die Essiglösung
- kleine Handtücher als Unterlage, pro Kind eines
- Badethermometer
- Apfelessig oder Essigessenz
- feste Butterbrot-Tüten, weiß
- Wachsmalstifte oder Wachsmalblöckchen
- Klebestreifen

Tipps zum Materialeinkauf finden Sie im Anhang.

Ablauf

Vorab kochen Sie Wasser auf und füllen es in eine Thermoskanne. Aus dieser Kanne schütten Sie im Laufe der Kreativ-Stunde immer wieder heißes Wasser in die Seifenlauge, denn das Filzen funktioniert nur gut, wenn das Wasser wirklich heiß genug ist (ca. 40 °C). Nun legen Sie das benötigte Material bereit und holen die Kinder ab.

Die Kinder dürfen zunächst helfen, mit dem Schneebesen die Seifenlauge herzustellen: 1 EL Seifenflocken auf 1 l heißes Wasser. Nun wird reihum so lange gerührt, bis sich die Seifenflocken aufgelöst haben.

Dann darf sich jedes Kind einen Stein aussuchen (dieser sollte gut in die Kinderhand passen) und es geht los.

WICHTIG!

Die Wolle darf stets nur mit trockenen Händen angefasst werden! Wenn sie mit nassen, seifigen Händen berührt wird, fängt sie sofort an zu verfilzen und wird unbrauchbar. Da die Kinder das Abtrocknen der Hände im Eifer des Tuns schnell vergessen, empfiehlt es sich, ihnen die Wolle anzureichen.

Nun umhüllen die Kinder ihren Stein vollständig mit der weißen Wolle.

Da das Wasser für die Kinderhände zu heiß ist, übernehmen Sie das Eintauchen in das Wasser, drücken es ein wenig aus und zeigen den Kindern, wie sie die Wolle nun verfilzen: „Stellt euch vor, der Stein ist ein Stück Seife und ihr wollt euch die Hände waschen.“ Anfangs darf nur wenig Druck ausgeübt werden, später, wenn die Wolle schon verfilzt ist, können die Kinder kräftiger zu Werke gehen. Sobald der Stein kalt oder vom Reiben trocken geworden ist, muss er wieder ins Wasser getaucht werden. Die Dosierung der Kraft ist eine sehr gute Übung für die Feinmotorik.

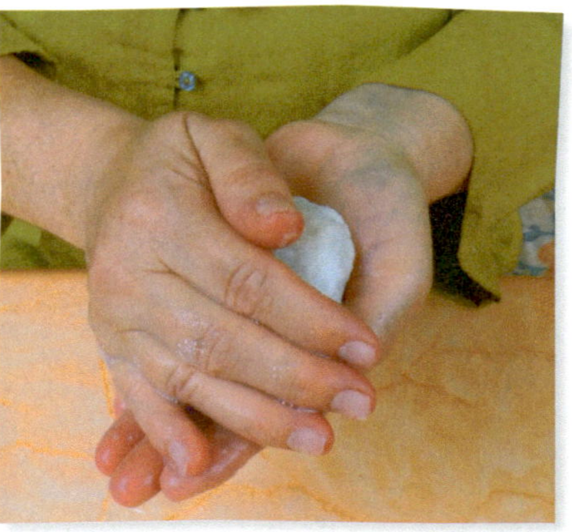

Nach der ersten Runde sieht der Stein so aus. Die Wolle schmiegt sich an den Stein an und beginnt, zu verfilzen:

Jetzt kann der Druck beim Filzen erhöht werden und wenn die weiße Wolle ganz fest um den Stein gefilzt ist, wird die erste Schicht farbige Wolle darum gelegt.

Dafür an der Spitze des Wollvlieses vorsichtig ziehen und ein etwa 15–20 cm langes Stück Wolle herausziehen. Dieses Wollstück zu einer „Wolke" auseinanderziehen und um den Stein wickeln. Machen Sie das den Kindern zunächst vor und je nach Alter und feinmotorischem Geschick können sie bald selbst die Wolle auseinanderziehen und um den Stein wickeln.

Tauchen Sie den Stein wieder in das Wasser und geben Sie ihn den Kindern zum Weiterfilzen. Von Zeit zu Zeit gießen Sie etwas heißes Wasser aus der Thermoskanne nach, damit die Temperatur der Seifenlauge stets gleich bleibt. Das können Sie mit dem Badethermometer überprüfen. Wenn die Seifenlauge zu wenig schäumt, geben Sie auch noch einmal 1 EL Seifenflocken zu und rühren Sie gut um, bis sich die Flocken ganz aufgelöst haben.

Die erste Farbschicht ist angefilzt.

Die zweite Farbschicht wird um den Stein gelegt.

Die zweite farbige Wollschicht wird um den Stein gefilzt. Wichtig ist, dass die Schicht dünn genug ist, damit die andere Farbe sichtbar bleibt, wie bei lasierender Wandgestaltung.

Danach kommen die dritte Farbschicht und evtl. noch eine vierte. Mehr Farbschichten sind nicht empfehlenswert, da sonst die einzelnen Farben nicht mehr gut sichtbar sind und der Filzprozess zu lange dauert.

Auf diesem Foto können Sie noch mal gut sehen, wie fein auseinandergezupft die Wolle sein sollte, bevor sie um den Stein gewickelt wird.

Den Kindern macht das Filzen mit Seifenschaum und warmem Wasser viel Spaß! Bei gutem Wetter kann auch draußen im Garten gefilzt werden.

TIPP:

Manchmal filzt eine Farbe nicht richtig an und verbindet sich nicht mit der schon verfilzten Wolle. Hier hilft nur, das nicht verbundene Stück Wolle wieder abzunehmen und mit neuer Wolle einen zweiten Versuch zu starten. Das passiert häufiger, wenn die Wolle nicht gut zum Filzen geeignet ist. Sogenannte „Märchenwolle" ist beispielsweise ungeeignet, da sie mit Wärme behandelt wurde. Achten Sie beim Einkauf daher darauf, dass die Wolle als „Filzwolle" bezeichnet wird.

Der fertig gefilzte Stein wird zum Abschluss in warmem Wasser mit 1 EL Essig ausgespült, damit die Seife entfernt wird.

Nun muss der Glücksstein ca. einen Tag trocknen, bevor die Kinder ihn mit nach Hause nehmen können. Legen Sie die Steine zum Trocknen am besten auf ein Handtuch an einen gut belüfteten Ort, aber nicht direkt auf die Heizung oder in die Sonne.

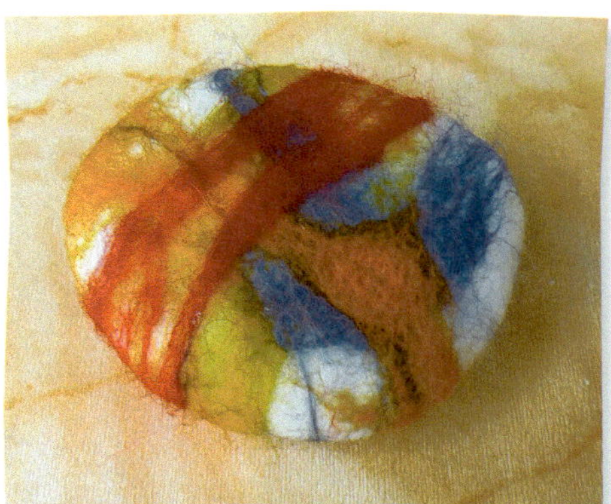

Damit er den Transport unbeschadet übersteht, wird der Stein in einer festen Butterbrot-Tüte eingepackt. Die Tüte können die Kinder vorher noch mit Wachsmalfarben, Buntstiften oder Aquarellfarben bemalen.

SEPTEMBER

Frottage mit Herbstblättern und Sammelsurium

Frottage eignet sich gut für erste Erfahrungen mit kreativen Techniken, da sie für die Kinder spannend und voller Überraschungen ist. Dabei legen die Kinder flache Gegenstände mit interessanter Oberflächenstruktur, z. B. Blätter verschiedener Bäume, Münzen oder Spitzenstoffe, unter ein Blatt Papier. Mit einem weichen Bleistift oder einem Wachmalsblöckchen übertragen sie dann die Struktur des Gegenstands auf das Papier. Staunend erleben die Kinder beispielsweise, dass die Adern der Blätter nach dem Durchreiben auf dem Papier plötzlich ganz deutlich zu sehen sind. Bis auf das Zusammensuchen der Materialien sind keine Vorbereitungen für die Frottage nötig.

Alter: ab 3 Jahre

Gruppengröße: 4–10 Kinder

Dauer: pro Einheit 30–45 Minuten

Material für die Frottage:

- Zeichenpapier
- Wachsmalblöckchen in dunklen Farben (alternativ oder zusätzlich auch weiche Bleistifte ab 2B)
- Bastelscheren
- Als Gegenstände zum Durchreiben eignen sich z. B.
  - → Blätter von verschiedenen Bäumen oder Pflanzen
  - → Münzen
  - → Stoffe mit Struktur, beispielsweise Jute, Spitze, Borten
  - → dickere Fäden, Wolle
  - → Tapetenreste
  - → Japanpapier
  - → Rückseite von Teppichen
  - → flache Holzstücke mit Maserung, z. B. Parkettreste oder Abfallstücke vom Schreiner oder aus dem Baumarkt
  - → Schieferplatten
  - → Kämme

Tipps zum Materialeinkauf finden Sie im Anhang.

Für die Kombination von Frottage mit anderen Techniken können Sie den Kindern später zusätzlich Buntstifte, Aquarellfarben und Bleistifte anbieten. Bei den Objekten, die durchgerieben werden, sind der Fantasie nur wenige Grenzen gesetzt. Sie müssen möglichst flach sein und gleichzeitig eine interessante Oberflächengestaltung haben, die später auf dem Papier gut sichtbar ist.

Ablauf

Für die Frottage können Sie am Tag vorher Blätter sammeln und über Nacht in Wasser legen, damit sie nicht trocknen. Falls im Tagesablauf genug Zeit ist und unterschiedliche Bäume auf dem Kita-Gelände wachsen, ist es natürlich schöner, wenn die Kinder die Blätter selbst sammeln können. Außerdem können Sie z. B. eine Kollektion von Münzen aus verschiedenen Ländern mitbringen, einen Kamm, Stoffe und Japanpapierreste.

Legen Sie fast alle Materialien in die Mitte des Tisches. Papier und Wachsmalblöckchen bzw. Bleistifte halten Sie noch zurück, damit die Kinder erst einmal zuhören. Erzählen Sie ihnen nun, was Sie heute vorhaben, und zeigen Sie es: Legen Sie eine Münze unter ein Blatt Papier und fragen Sie die Kinder, ob jemand eine Idee hat, wie man sie wieder sichtbar machen kann. Die meisten Kinder schlagen nun vor, die Münze wieder unter dem Papier hervorzuholen. Falls kein Kind auf die Idee kommt, dass man die Münze durchrubbeln könnte, lassen Sie alle mal mit dem Finger über das Papier fühlen, denn man kann die Münze durch das Papier ertasten. Mithilfe eines Wachsmalblöckchens reiben Sie die Münze nun durch und zeigen den Kindern dabei gleichzeitig, wie man das Wachsmalblöckchen dabei richtig hält. Am besten funktioniert das Durchreiben, wenn man das Wachsmalblöckchen schräg hält (etwa 45 Grad zur Papieroberfläche) und mit der breiten Seite möglichst flächig über das Papier malt.

Jetzt bekommen die Kinder Papier und Blöckchen und dürfen selbst ausprobieren, Gegenstände durchzurubbeln. Die Bastelscheren regen die Kinder zum Ausschneiden der Ergebnisse an, besonders die Münzen sind hier beliebt, da sie im Kaufladen als Spielgeld eingesetzt werden können.

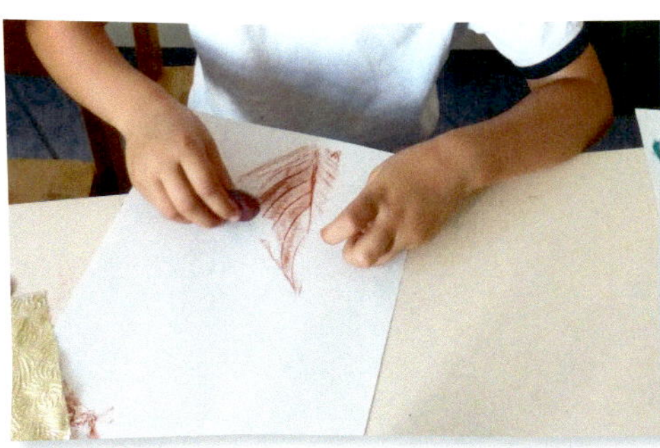

Die Adern von Blättern werden beim Durchreiben klarer erkennbar als vorher. Das fasziniert die meisten Kinder sehr.

Kombination Frottage/Aquarellmalerei

Material:

- Zeichenpapier, 100 g/m²
- Deckfarbkasten
- Pinsel
- Wassergläser
- Lappen
- Trockengestell

Zum Durchreiben benutzen Sie die Materialien, die auf S. 21 vorgeschlagen sind.

Wenn die Kinder in der ersten Kreativ-Stunde zum Thema „Frottage" Gegenstände durchgerieben und ausgeschnitten haben, rege ich sie in den weiteren Stunden dazu an, verschiedene Techniken miteinander zu kombinieren. Es bietet sich an, dazu zunächst von einem Künstler zu erzählen, der sehr viel mit Frottage in Kombination mit anderen Techniken gearbeitet hat: Max Ernst (1891–1976). Er hat diese Technik wiederentdeckt, die schon viele Jahrhunderte zuvor im alten China als Steinabreibung praktiziert wurde. Bei der Steinabreibung wurden in Stein gravierte Bilder oder Schriftzeichen mithilfe von Farbpigmenten auf Papier übertragen. Max Ernst nutzte Frottage, um die Muster organischer Strukturen in seine Bilder zu integrieren. Oft hat er dabei verschiedene Techniken kombiniert, z. B. Frottage mit Bleistiftzeichnung oder Aquarellmalerei. Sie können die Kinder nun anregen, es ihm gleichzutun und einen durchgeriebenen Gegenstand als Grundlage für ein Bild zu nutzen. Dafür sollte dann etwas festeres Zeichenpapier verwendet werden, das sich beim Kontakt mit Aquarellfarben nicht sofort wellt. In größeren Stadtbibliotheken gibt es sicher Bildbände mit Werken von Max Ernst auszuleihen, die Sie den Kindern zeigen können.

Inspiriert von Max Ernst:

OKTOBER

Freies Malen und Kleistermalerei

Führen Sie die Kinder in das freie Malen und die Kleistermalerei ein. Beide Praktiken stellen das Farberleben in den Mittelpunkt. Nicht das Ergebnis, sondern der Weg, also das, was die Kinder beim Tun erleben, ist das Entscheidende sowohl beim freien Malen als auch bei der Kleistermalerei.

Alter: ab 3 Jahre **Gruppengröße:** 4–8 Kinder

Dauer: 30–45 Minuten pro Einheit

1. Freies Malen

Material freies Malen:

- stärkeres Zeichenpapier, 135 g/m², DIN A4 oder DIN A3
- Flach- oder Borstenpinsel, Pinselgröße 12 oder 14
- Transparentmalfarbe
- Schälchen für die Farbe, z. B. Deckel von Marmeladengläsern
- Pipette zum Verdünnen der Farbe
- Wassergläser
- Läppchen zum Pinselabtrocknen
- Trockengestell

Tipps zum Materialeinkauf finden Sie im Anhang.

Ablauf

Rühren Sie zur Vorbereitung die Farbe mit Wasser in einem sauberen Marmeladenglas an: etwa 1 Teil Farbe und 1 Teil Wasser. Geben Sie am besten das Wasser mit der Pipette tropfenweise hinzu und probieren Sie zwischendurch immer wieder auf dem Papier aus, wie sich die Farbe verhält. Wenn sie nicht mehr zu dickflüssig, aber auch noch nicht zu wässrig ist, verteilen Sie die Farbe auf die Schälchen. Zu Beginn geben Sie den Kindern nur wenige Farben, z. B. Blau, Rot, Gelb und Grün. Bereiten Sie dann die Plätze vor: von jeder Farbe ein Schälchen und ein Wasserglas für je zwei Kinder, dazu ein Pinsel und ein Läppchen für jedes Kind. Nun empfiehlt es sich, eine Geschichte vorzulesen, die Farbe zum Thema hat, beispielsweise *Seine eigene Farbe* von Leo Lionni, und die Bilder gemeinsam anzuschauen. Anschließend bekommt jedes Kind ein kleines Probeblatt (DIN A5) und übt erst einmal die Handhabung des Pinsels und das Auswaschen vor dem Farbwechsel. Manche Kinder üben sehr viel Druck mit der Pinselspitze aus, da sie es von den Buntstiften gewohnt sind. Hier ist oft die Vorstellung hilfreich, dass der Pinsel das Papier nur „streicheln" soll. Den Pinsel vor jedem Farbwechsel auszuwaschen, ist anfangs nicht einfach für die Kinder, da sie es im Eifer des Schaffens vergessen. Nach dem Auswaschen im Wasserglas und vor dem Eintauchen in die neue Farbe wird der Pinsel auf dem Läppchen etwas abgetrocknet, damit sich die Farbe nicht zu stark verdünnt. Wenn die Kinder auf dem Probepapier ausreichend geübt haben, bekommen sie ein größeres Blatt Papier (DIN A4) und dürfen loslegen. Ein Thema sollten Sie ihnen bewusst nicht nennen, es soll um das reine Farberleben gehen.

Transparentmalfarbe legt sich übereinander und vermischt sich nicht. Dadurch entsteht eine ganz spezielle Dynamik.

In der zweiten oder dritten Kreativ-Stunde zum freien Malen können Sie die Farbpalette erweitern und z. B. noch Violett, Braun, Orange, Rosa oder (natürlich sehr beliebt) Gold anbieten. Wenn genug Platz ist und die Kinder schon etwas Erfahrung mit Pinsel und Farbe gesammelt haben, ist es schön, ihnen auch mal größere Formate zur Verfügung zu stellen, z. B. DIN A3. Dadurch werden die Kinder angeregt, große Bewegungen mit dem Pinsel in der Hand zu machen, was den Malprozess unterstützt.

2. Kleistermalerei

Die Kleistermalerei bietet ein noch sinnlicheres Malerleben. Hier wird zunächst ein Blatt Papier mit angerührtem Tapetenkleister bedeckt und danach auf der Kleisterschicht gemalt.

Material Kleistermalerei:

- Aquarellpapier 150 g/m², DIN A4
- Flach- oder Borstenpinsel, Pinselgröße 12 oder 14
- Aquarellfarben, aufgelöst
- Tapetenkleister, nach unten stehender Anweisung angerührt, ca. 1 EL Pulver auf 250 ml kaltes Wasser
- Kleisterpinsel
- Wassergläser
- Lappen
- Trockengestell

Tipps zum Materialeinkauf finden Sie im Anhang.

Anleitung zum Herstellen von Kleister:

Verrühren Sie den Kleister mit dem Wasser gut mit einem Schneebesen in einer Schüssel, bis keine Klümpchen mehr zu sehen sind. Lassen Sie die Mischung mindestens 30 Minuten ruhen. Fügen Sie dem Kleister ggf. Wasser oder Pulver hinzu. Im richtigen Mischungsverhältnis sollte der Tapetenkleister eine sämige Konsistenz haben, die sich leicht auf Papier auftragen lässt. Der Kleister sollte weder wässrig vom Pinsel tropfen noch so fest und verklumpt sein, dass der Pinsel darin stehen bleibt.

Ablauf

Rühren Sie den Kleister vorab an, verdünnen Sie die Aquarellfarben und bereiten Sie die Schälchen und Malplätze vor. Eine detaillierte Anleitung zum Farbeanrühren finden Sie im Exkurs ab S. 49. Wenn der Kleister die richtige Konsistenz hat, holen Sie die Kinder. Diesmal machen Sie zum Einstieg gemeinsam mit den Kindern eine „Trockenübung" mit dem Pinsel. Jeweils zwei Kinder tun sich zusammen und bekommen einen Pinsel. Dann darf das erste Kind das andere mit dem Pinsel auf dem Arm und in der Handinnenfläche streicheln. Nach etwa drei Minuten wird gewechselt. Ziel der Übung ist es, dass die Kinder eine erhöhte Sensibilität für den Pinsel bekommen und später beim Malen auch zartfühlender zu Werke gehen.

Anschließend bekommt jedes Kind ein Blatt Papier und bestreicht es mit dem Tapetenkleister. Danach können die Kinder auf dem Kleister mit den Aquarellfarben malen. Die Farben vermischen sich dabei untereinander, so entsteht beispielsweise Grün aus Gelb und Blau. Wenn das Blatt ganz bunt geworden ist, können die Kinder mit dem Pinselstiel noch ein Muster oder Motiv in die Farbe einritzen. Anschließend müssen die Bilder mindestens einen Tag trocknen.

Hier wird gerade in die feuchte Farbe mit dem Stiel eines feinen Rundpinsels etwas hineingeritzt.

Bei diesem Bild in strahlenden, sommerlich-warmen Farben wird deutlich, wie der Kleister als Träger für die Farbe eine Grundlage bietet, die das Kind zu großen Schwüngen animiert hat.

NOVEMBER
ROZA

November: Wachs-Ritz-Technik

Am 11.11. wird in den meisten Gegenden Deutschlands St. Martin gefeiert. Dann finden nach Einbruch der Dunkelheit Laternenumzüge statt. Es ist ein schönes Bild, wenn die Kinder mit ihren leuchtenden Laternen singend durch die dunklen Straßen ziehen. Der Laternenumzug ist auch ein Symbol für die Bedeutung des Lichts in der dunklen Jahreszeit. Besonders gut passt die Technik der Wachs-Ritz-Technik (manchmal auch Wachsradierung genannt) zu diesem Gegensatz von Licht und Dunkelheit. Hierbei wird mit Wachsmalfarben zunächst ein ganzes Blatt farbig gestaltet und anschließend mit einer dicken Schicht schwarzer Wachsmalfarbe übermalt. Danach wird durch Kratzen oder Ritzen mit verschiedenen Werkzeugen die farbige Schicht teilweise wieder freigelegt. Zur Einstimmung in die Kreativ-Stunde können Sie gemeinsam die Lieder *Abends, wenn es dunkel wird* oder *Durch die Straßen auf und nieder* singen.

Alter: ab 4 Jahre

Gruppengröße: 4–8 Kinder

Dauer: 45 Minuten

Material Wachs-Ritz-Technik:

- weißes Tonzeichenpapier, 135 g/m²
- Wachsmalblöckchen, helle Farben und schwarz
- Stoffreste (glatte Baumwolle) zum Abreiben
- größere Büroklammern oder Wachsschaber

Tipps zum Materialeinkauf finden Sie im Anhang.

Ablauf

Um die Technik kennenzulernen, ist es sinnvoll, dass die Kinder vor dem eigentlichen Bild ein kleines Wachs-Ritz-Bild (z. B. DIN A6) zum Testen anfertigen. Hier üben sie, die Farben mit dem nötigen Druck übereinander aufzutragen und anschließend in die schwarze Farbschicht hineinzuritzen. Sie bekommen so eine Vorstellung von dem Prozess des Verschwindens und Wieder-Hervorholens der Farben.

Erstes Ausprobieren der Technik auf DIN A6

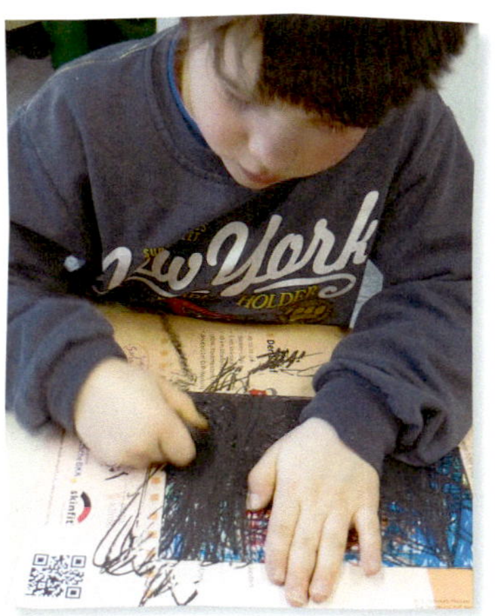

Danach kann es dann mit dem eigentlichen Bild losgehen: Stellen Sie den Kindern für die farbige Grundfläche nur helle, leuchtende Farben zur Verfügung, wie Gelb, Orange, Rot, helles Grün. Es ist wichtig, dass die Kinder kräftig aufdrücken, damit eine ausreichend dicke Farbschicht entsteht. Anschließend können sie die Oberfläche des Bildes mit einem Stofflappen vorsichtig glatt reiben. Danach bekommt jedes Kind ein schwarzes Wachsmalblöckchen, um das ganze Blatt zu übermalen. Auch diese Schicht muss kräftig genug sein, sodass möglichst nichts mehr von der farbigen Fläche durchschimmert. Das erfordert Kraft und Ausdauer und manche Kinder müssen zwischendurch ermutigt werden, durchzuhalten. Der Hinweis, dass sie dadurch starke Muskeln bekommen, motiviert die meisten dann jedoch sehr.

Danach bekommt jedes Kind eine Büroklammer auseinandergebogen oder einen Wachsschaber, um ein Motiv in die schwarze Fläche zu kratzen. Die Wachsschaber haben den Vorteil, dass man mit ihnen auch Flächen und geriffelte Muster kratzen kann. Die Büroklammern sind dagegen einfacher verfügbar. Zum Schluss wird die Bildoberfläche von den Kindern noch einmal vorsichtig mit dem Stoffläppchen abgerieben, um die krümeligen Rückstände vom Ritzen zu entfernen.

Das Ritzen erfordert feinmotorisches Geschick.

Hier entstanden fantasievolle Fabelwesen und interessante spiralartige Formen.

Dieses Kind wurde vielleicht durch das Schwarz der Übermalung zu dem Motiv „Maus vor dem Mauseloch mit Luftballon" inspiriert, da das Mauseloch ebenfalls in die Dunkelheit führt.

DEZEMBER

Dezember: Styrodurdruck

Gerade in der Adventszeit kann eine Kreativ-Stunde eine wohltuende Zeit der Entspannung und des Atemholens sein. Wenn Sie möchten, können Sie noch eine Duftlampe mit Lavendelöl in sicherer Entfernung vom Maltisch aufstellen, der Duft beruhigt und entspannt – nicht nur die Kinder.

Im Dezember gestalten wir Grußkarten für die Eltern, dazu benutzen wir den Styrodurdruck. Diese Technik wurde für den Elementar- und Primarbereich als Alternative zum Linoldruck entwickelt. Beim Styrodurdruck wird statt der Linolplatte mit Polystyrolplatten gearbeitet, deren Oberfläche so weich ist, dass kein Messer zum Bearbeiten nötig ist.

Das Motiv kann dabei mit einem nicht zu spitzen Blei- oder Buntstift in die Platte geritzt werden.

Alter: ab 5 Jahren – da eine gewisse Abstraktionsfähigkeit für das Drucken vorhanden sein muss

Gruppengröße: 4–6 Kinder

Dauer: ca. 45 Minuten zum Drucken, plus ca. 15–30 Minuten zum Kleben der Karten

Material Styrodurdruck:

- Polystyrolplatten, 3–5 mm dick; Platten vor der Verarbeitung mit einer scharfen Schere auf DIN A6 zuschneiden
- kleinere Polystyrolplatten zum Ausprobieren
- ein altes Backblech zum Ausrollen der Farbe
- Linoldruckfarben auf Wasserbasis (Aqua-Linoldruckfarbe)
- Linolwalze, 6-8 cm breit
- alte Handtücher zum Trockenreiben der Walze
- Blei- oder Buntstifte in dunklen Farben, nicht frisch angespitzt
- Zeichenpapier für den Entwurf, DIN A6
- Zeichenpapier, 100g/m²
- Trockengestell

Tipps zum Materialeinkauf finden Sie im Anhang.

Ablauf

Bereiten Sie das Drucken vor, indem Sie die Polystyrolplatten und das Papier für die Entwürfe auf DIN A6 zuschneiden und des Weiteren das Backblech, die Farben, die Walze, die Stifte sowie die Handtücher auf einem separaten Tisch bereitlegen. Der Tisch, an dem die Kinder sitzen, sollte zu Beginn der Stunde frei sein, damit sie erstmal zuhören und nicht abgelenkt sind. Stimmen Sie die Kinder zunächst mit einem weihnachtlichen Gedicht oder einer kurzen Geschichte thematisch ein, beispielsweise mit dem Gedicht *Weihnachtslied vom Eselchen* von James Krüss. Anschließend erzählen Sie ihnen, was Sie heute vorhaben: „Wir drucken eine Weihnachtskarte für eure Eltern". Ein sehr einfaches Motiv (z. B. einen Bethlehemsstern) können Sie vorab in verschiedenen Farben, auch mit zwei oder drei Farben übereinanderdrucken. So erhalten die Kinder eine erste Vorstellung, wie ein Druck im Verhältnis zum Druckstock aussieht und dass dasselbe Motiv in verschiedenen Farben ganz unterschiedlich aussieht und wirkt.

Hier kann man gut sehen, wie unterschiedlich ein und dasselbe Motiv in verschiedenen Farben wirkt (links die Styrodurplatte, rechts die drei Farbdrucke).

Überlegen Sie gemeinsam, welche Motive für die Weihnachtskarte infrage kommen. Die Kinder nennen neben dem Bethlehemsstern aus dem Beispiel vermutlich Tannenbaum, Engel, Geschenke, Kerze, Sternenhimmel und noch manches andere. Lassen Sie Ihr Beispiel jetzt unauffällig verschwinden, damit die Kinder aus ihren eigenen Ideen schöpfen und nicht versuchen, das Motiv abzuzeichnen.

Nun geben Sie den Kindern je einen Bleistift oder dunklen Buntstift und ein Blatt weißes Papier in DIN-A6-Format (Postkartengröße). Die Kinder probieren zunächst auf dem Blatt aus, welches Motiv sie später in die Platte ritzen wollen. Manche Kinder brauchen mehrere Blätter, bis sie mit ihrem Entwurf zufrieden sind. Manchmal ist hier auch Ermutigung und vorsichtige Führung notwendig. Wenn ein Kind z. B. nur ganz unten rechts auf dem Blatt ein kleines Geschenk gezeichnet hat, können Sie vorschlagen, dass noch etwas anderes Platz hätte auf dem Bild. Viele Kinder haben noch nie auf einem so kleinen Blatt gezeichnet und stellen fest, dass das Papier nicht groß genug ist für ihre Idee. Dann werden sie auf dem zweiten Blatt ihren Entwurf etwas verkleinern – eine großartige Leistung!

Der zweite Arbeitsschritt ist dann das Proberitzen. Die Kinder, die mit ihrem Entwurf fertig sind, bekommen eine kleine Polystyrolplatte (Rechteck, etwa die Hälfte der Postkartengröße). Hier können sie nun ausprobieren, wie viel Druck auf den Stift nötig ist, um einen ausreichend tiefen Ritz in der Platte zu erhalten. Regen Sie an, dass die Kinder mit ihren Fingern über den Ritz fühlen: Wenn die Finger ihn gut spüren, ist er tief genug, um ein Muster zu drucken. Einige Kinder haben sehr viel Kraft und stechen mit dem Stift durch die Platte hindurch: Das ist auf der Probeplatte aber noch kein Problem.

Tim fühlt auf der Probeplatte, ob sein Ritz tief genug ist.

Nach dem Proberitzen bekommt jedes Kind seine richtige Platte und darf nun sein Motiv auf die Platte übertragen. Viele Kinder sind dabei sehr kreativ, manchmal kommt auch ein komplett anderes Bild dabei raus als auf der Vorlage geplant wurde. Das ist überhaupt nicht schlimm, sondern liegt in der künstlerischen Freiheit! Achten Sie darauf, dass die Stifte nicht zu spitz sind, damit die Gefahr des Durchbohrens minimiert wird – zu stumpf natürlich auch nicht, sonst wird das Motiv zu grob. Probieren Sie selbst am besten vorher aus, mit welcher Spitze Sie am besten ritzen können.

Auf den folgenden Fotos können Sie die Entwicklung vom Entwurf über die Druckplatte zum fertigen Druck (in diesem Fall dreifarbig: Rot, Blau, Gelb) verfolgen.

Entwurf

Druckplatte

Fertiger Druck

Wenn alle Kinder mit ihrer Druckplatte fertig sind, kann gedruckt werden. Holen Sie das Backblech, die vier Farben und die Walze auf den Tisch.

Führen Sie das Farbeaufnehmen mit der Walze und das Auftragen der Farbe auf die Druckplatte einmal vor. Die Farben auf dem Backblech dürfen sich nicht vermischen, daher müssen die Kinder darauf achten, immer nur in einem Farbbereich zu bleiben. Die Walze soll so lange auf der Farbe gerollt werden, bis sie gleichmäßig mit Farbe bedeckt ist. Am besten geht das, wenn man in alle Richtungen rollt: „hin und her, kreuz und quer". Danach rollen sie mit der Walze über die Druckplatte, ebenfalls so lange, bis die Platte ganz von der Farbe bedeckt ist. Vor jedem Farbwechsel muss die Walze mit Wasser abgewaschen und abgetrocknet werden.

Dann dürfen alle Kinder reihum zwei Farben mit der Walze auf ihre Platten aufbringen und das Bild drucken. Wenn Sie viel Zeit haben, können Sie natürlich auch mit drei oder sogar vier Farben experimentieren. Die Kinder haben vermutlich sehr viel Spaß dabei und würden am liebsten ihr Bild in allen möglichen Farbvariationen drucken.

Nachdem die zweite (dritte oder vierte) Farbe auf den Druckstock aufgetragen wurde, muss zügig gedruckt werden, damit die Farbe nicht antrocknet. Legen Sie das Blatt Papier auf die mit Farbe bestrichene Seite der Platte und zeigen Sie den Kindern, wie sie, am besten mit der flachen Hand, auf jede Stelle kräftig drücken. Ziehen Sie danach das Blatt vorsichtig von einer Seite ab und legen Sie es zum Trocknen auf ein Trockengestell.

Regen Sie die Kinder an, sofort noch einen zweiten Druck durchzuführen, der dann natürlich zarter in der Farbe wird, aber oft auch sehr schön aussieht. Auch „verrutschte" Drucke sehen gut aus: Wenn ein Kind das Blatt 2-mal auflegt oder es ihm beim Pressen verrutscht, entsteht ein Doppelbild.

Nachdem die Drucke trocken sind, werden sie noch ein bis zwei Tage in einem alten Telefonbuch oder Katalog gepresst, dann können sie auf Klappkarten aufgeklebt werden. Wenn es in der Kita eine Papierschneidemaschine gibt, können Sie die Klappkarten leicht selber aus farbigem Bastelkarton zuschneiden. Es ist schön, wenn die Farbe des Kartons zu den Farben des Druckes passt.

Eine weitere Möglichkeit, die Drucke zu verarbeiten, ist, kleine Bilderrahmen zu kaufen und die Bilder darin zu rahmen. Wenn die Rahmen aus unbehandeltem Holz sind, können die Kinder ihn anschleifen und farbig gestalten oder einfach nur mit einem in Sonnenblumenöl getränkten Lappen einölen.

Nachdem alle Kinder die Möglichkeit hatten, eine Weihnachtskarte zu drucken, können Sie ihnen anbieten, weitere Drucke ohne Zweckbindung zu fertigen. Dafür ist dann Papier in größeren Formaten, wie DIN A5 oder DIN A4, geeignet. Die Kombination von Druck mit anderen Techniken, wie Aquarellmalen oder Zeichnen, ist eine weitere Quelle der Erfahrung.

Bei dem folgenden Beispiel hat das Kind seinen Entwurf überdruckt und zusätzlich mit dem Finger Farbe aufgetragen, das Ergebnis erinnert an Werke von Paul Klee oder Max Ernst.

JANUAR

Malen mit Salz

Das neue Jahr hat angefangen. Meist ist es jetzt draußen richtig kalt und manchmal schneit oder friert es, sodass morgens die Erde von Raureif bedeckt ist. Zur winterlichen Stimmung passen die Salzbilder, die Sie in zwei verschiedenen Techniken anbieten können.

Alter: ab 4 Jahre

Gruppengröße: 4–6 Kinder

Dauer: pro Technik 30–45 Minuten

1. Technik „Salzspuren"

Material für „Salzspuren":

- Tonkarton in Blau, DIN A4 und DIN A6 für den Entwurf
- flüssiger Bastelkleber ohne Lösungsmittel in der Quetschflasche
- helle Buntstifte für den Entwurf
- Flach- oder Borstenpinsel, Pinselgröße 10 oder 12
- grobes Meersalz und Kochsalz in einer Schale
- mit Wasser verdünnte Acrylfarben, maximal 5–6 Farben
- Wassergläser
- Lappen
- Trockengestell

Tipps zum Materialeinkauf finden Sie im Anhang.

WICHTIG!

Weisen Sie die Kinder zu Beginn der Kreativ-Stunde darauf hin, dass sie das Salz nicht pur essen dürfen! Kochsalz (Natriumchlorid) ist für den Körper nur in Maßen zuträglich. Eine Menge von 0,5 bis 1 Gramm Salz pro Kilo Körpergewicht ist tödlich, sodass für ein 15 kg schweres Kind eine Menge von 7 Gramm Salz (auf einmal gegessen) bereits eine tödliche Wirkung haben könnte.

Ablauf

Für die „Salzspuren" legen Sie Tonkarton, flüssigen Bastelkleber, Salz und mit Wasser verdünnte Acrylfarbe (ca. 1 Teil Wasser, 1 Teil Acrylfarbe) bereit.

Zu Beginn der Stunde können Sie eine kleine Geschichte oder ein Gedicht zum Thema „Winter" vorlesen. Ich habe mich für das Gedicht *Spuren von winzigen Zehen* von Josef Guggenmoos entschieden. Auch ein den Kindern bekanntes Schneemannlied oder ein Rätsel würde sich zur Einführung eignen.

Zeigen Sie nun den Kindern ein Beispiel für ein Salzbild, damit sie eine Vorstellung bekommen, was sie heute machen werden. Zum Ausprobieren der Technik bekommt jedes Kind ein Stück Tonkarton, ca. DIN A6.

Die Kinder zeichnen zuerst ein Motiv oder Muster auf den Tonkarton und verteilen dann den Kleber auf den Linien des Entwurfs. Größere Kinder können das meist allein, den jüngeren machen Sie an einer Stelle vor, wie es gemeint ist, und lassen sie dann allein experimentieren. Dann streuen die Kinder sofort das Salz mit den Händen auf den Kleber, sodass die Leimspuren vollständig mit Salz bedeckt sind. Schütteln Sie überschüssiges Salz über einem Blatt Papier ab und füllen Sie es wieder zurück in die Schale. Es kann noch einmal benutzt werden. Anschließend tragen die Kinder mit dem Pinsel die Aquarellfarben auf das Salz auf. Dabei müssen sie vorsichtig zu Werke gehen und mit dem Pinsel eher tupfen. Das Salz zieht die Farbe an und sie verteilt sich von selbst. Bevor die Kinder mit einer anderen Farbe weitermalen, muss der Pinsel in klarem Wasser ausgewaschen und auf einem Lappen etwas abgetrocknet werden. Wenn das Probebild fertig ist, wird es in das Trockengestell gelegt. Anschließend sind die Kinder gut vorbereitet, um ein größeres Stück Tonkarton zu gestalten. Wenn das Bild fertig ist, muss es mindestens einen Tag trocknen.

Hier wird das Salz mit den Händen auf der Leimspur verteilt.

Dieses Kind hat gegenständlich gearbeitet.

Dieses Kind hat sein Bild dagegen abstrakt mit Linien gestaltet und eine Zeichnung mit Buntstiften integriert.

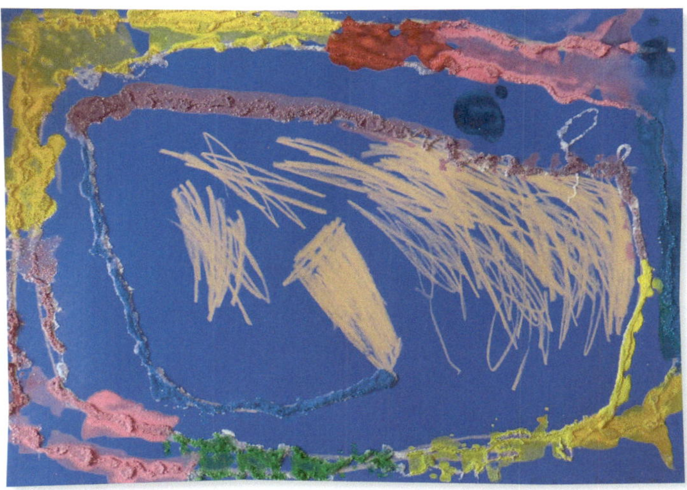

2. Technik: „Salz trifft Aquarell“

Bei dieser Technik malen die Kinder mit angerührter Aquarellfarbe ein Winterbild. Solange die Farbe noch nass ist, wird an ausgewählten Stellen Salz hineingestreut. Das Salz zieht die Farbe an, sodass sich um das Salz herum kleine Kreise bilden. Am schönsten ist die Wirkung bei grobem Meersalz.

Material „Salz trifft Aquarell“:

- Aquarellpapier 150 g/m², auf DIN A4 zugeschnitten
- Flach- oder Borstenpinsel, Pinselgröße 12 oder 14
- in Wasser aufgelöste Aquarellfarben in verschiedenen Blautönen, z. B. Ultramarin und Preußisch Blau
- Marmeladengläser in Anzahl der Farben
- Wassergläser
- Lappen
- grobporiger Badeschwamm
- Kochsalz, grobes Meersalz
- evtl. Hartfaserplatten in Anzahl der Kinder, ca. 30 × 40 cm
- Trockengestell

Tipps zum Materialeinkauf finden Sie im Anhang.

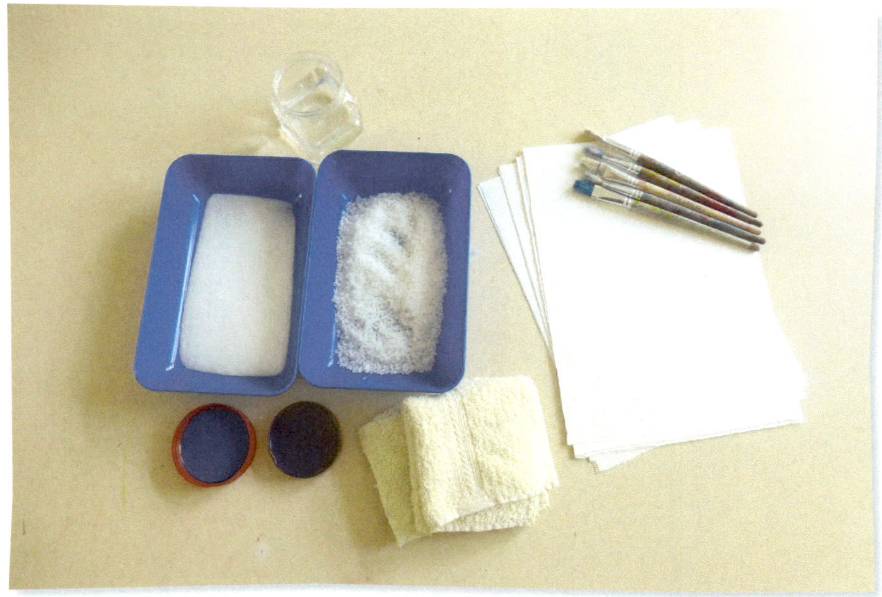

Exkurs:

Einführung in die Aquarelltechnik „Nass-in-Nass“

In diesem Buch wird öfter mit der sogenannten Nass-in-Nass-Technik gearbeitet. Da sie weniger bekannt ist, möchte ich sie an dieser Stelle kurz erläutern und die Vorbereitungen beschreiben. Bei dieser Technik wird auf angefeuchtetem Aquarellpapier mit flüssigen Farben gearbeitet, daher kommt die Bezeichnung „Nass-in-Nass“. Auf dem feuchten Papier leuchtet die Farbe intensiv und sie bewegt sich auch von selbst, ohne dass man etwas dazu tun muss. Kaum hat der Pinsel das Papier berührt, fängt die Farbe an zu fließen. Das sorgt für Überraschungen. Die Kinder beobachten mit Spannung, was da auf ihrem Blatt Papier passiert. Diese Technik ist in hohem Maße prozessorientiert und ermöglicht den Kindern ein intensives Farberleben. Daher ist sie im Elementarbereich besonders gut geeignet, um erste Einblicke in die Farbenlehre zu erhalten und das Mischen von Farben zu erleben. Das Malen selbst ist schnell und spontan, es benötigt allerdings ein bisschen Vorbereitung.

Material Nass-in-Nass-Technik:

- Aquarellfarben in Zitronengelb, Goldgelb, Zinnoberrot, Karminrot, Preußischblau und Ultramarinblau
- saubere Marmeladengläser zum Anrühren und Aufbewahren der Farbe
- Badeschwamm zum Aufziehen der Blätter
- kleiner Pinsel zum Aufrühren der Farbe
- kleines Stück Aquarellpapier für Farbproben
- Deckel von Marmeladegläsern, für zwei Kinder einer pro Farbe
- Esslöffel
- Pipette oder Einwegspritze
- scharfes, kleines Messer
- Trockengestell

Ich verwende nur die drei Grundfarben Gelb, Rot und Blau in jeweils zwei Abstufungen (siehe Foto). Alle anderen Farben mischen die Kinder dann selbst auf ihrem Blatt. Zunächst muss die Aquarellfarbe mit Wasser verdünnt werden. Die hier verwendete Farbe ist bereits flüssig, aber noch zu pastös, um direkt damit zu malen. Zum Verdünnen mischen Sie mit einem Esslöffel 1 Teil Farbe und 2 Teile Wasser in einem sauberen Glas mit Deckel. Rühren Sie die verdünnte Farbe mit einem Borstenpinsel auf, bis sie homogen ist.

Diese Mischung ist in den meisten Fällen noch zu intensiv und wird nun schrittweise, am besten mit einer Pipette oder Einwegspritze, weiter verdünnt. Auf einem angefeuchteten Probeblatt können Sie die Intensität der Farbe beurteilen.

Oben links ist die Farbe noch zu intensiv, unten rechts schon zu zart. Am geeignetsten ist die Farbprobe oben rechts.

Von Blau benötigen Sie insgesamt weniger Originalfarbe als von Rot oder Gelb. Wenn alle Farben gemischt und auf die Deckel verteilt sind, werden die Blätter aufgezogen. Am günstigsten ist Aquarellpapier, wenn man es in großen Bögen kauft und dann selbst in die benötigte Größe schneidet. Traditionell wird Aquarellpapier nicht mit der Schere geschnitten, sondern mit einem kleinen, scharfen Messer auseinandergetrennt. Falzen Sie dafür das Papier und schneiden Sie dann mit dem Messer den Falz vorsichtig von innen nach außen auf.

Weichen Sie das Papier vor dem Malen ca. fünf bis zehn Minuten in Wasser ein, lassen Sie es abtropfen und ziehen Sie es direkt auf den Tisch oder eine Hartfaserplatte auf. Diese Methode ist für die Kita am besten geeignet, da Sie auf diese Weise jederzeit bereits angefeuchtetes Papier haben und es sofort malbereit ist. Aus diesem Grund verwende ich auch kein Papierklebeband, das normalerweise empfohlen wird, um das Papier vor dem Malen auf dem Untergrund festzukleben. Das ist vor allem wichtig, wenn man über längere Zeit, z. B. mehrere Tage, an einem Aquarell arbeiten will. Für das freie Malen in der Kita ist es daher nicht notwendig.

Um das nasse Papier aufzuziehen, streichen Sie mit einem weichen Bade- oder Naturschwamm von der Mitte nach außen, bis das Blatt glatt anliegt. Sind Luftblasen darunter, heben Sie das Papier an und streichen Sie mit dem Schwamm beim Hinlegen die Luftblase aus. Dabei sollten Sie den Schwamm nur ganz leicht über das Blatt führen, sonst entstehen schnell Krümel durch den Abrieb. Aus diesem Grund verwenden Sie am besten einen grobporigen Badeschwamm, denn dieser ist sehr viel sanfter zum Papier als ein Kunststoffschwamm. Das Papier sollte nur matt, nicht glänzend nass sein. Ist es zu nass, nehmen Sie mit dem Schwamm die überschüssige Feuchtigkeit ab. Nun kann gemalt werden!

Auf dem Foto rechts sieht man, wie Blau und Gelb zu „Grün wie Gras“ werden, wenn sie sich vermischen.

Ablauf „Malen mit Salz"

Schneiden Sie das Aquarellpapier auf DIN A4 zu und weichen Sie es in lauwarmem Wasser etwa zehn Minuten ein. Wenn die Kinder eingetroffen sind, werden sie wieder mit einer einstimmenden Geschichte oder einem Lied empfangen. Danach ziehen Sie das eingeweichte Aquarellpapier auf. Lassen Sie das Papier vorher etwas abtropfen. Auf beschichteten Tischen geht das unkompliziert direkt auf dem Tisch. Wenn Sie Holztische haben, lassen Sie sich im Baumarkt Hartfaserplatten als Malbretter zuschneiden.

Das Aufziehen des feuchten Aquarellpapiers direkt auf dem Tisch.

Verdünnen Sie die Aquarellfarbe mit Wasser in Marmeladengläsern wie im Exkurs ab S. 49 beschrieben: ein Teil Farbe und zwei Teile Wasser. Verteilen Sie die Farben in Schälchen. Saubere Farbe kann nach dem Malen zurück in das jeweilige Glas geschüttet werden und bei der nächsten Kreativ-Stunde weiterverwendet werden. Nun malen die Kinder zunächst ihr Bild mit den beiden Blautönen und streuen anschließend sofort das Salz in die noch feuchte Farbe.

Bei den folgenden Bildern wurde jeweils mit grobem und feinem Salz gearbeitet:

„Schneeflocken und Winterbaum"

„Das Haus vom Weihnachtsmann“

FEBRUAR

Selbst gestaltete Karnevalsorden

Meist fällt der Karneval (bei uns im Rheinland bekanntlich die fünfte Jahreszeit) in den Februar, manchmal auch in den März. In anderen Gegenden heißt er Fasching oder Fastnacht und bezeichnet die Bräuche, mit denen die Zeit vor der sechswöchigen Fastenzeit ausgelassen gefeiert wird. Diese Bräuche sind sehr unterschiedlich. Deshalb habe ich für den Februar einen Orden als Kreativarbeit gewählt, denn das Motiv kann beliebig abgewandelt werden. Den Clown kennen Kinder, er ist ein Symbol für das fröhlich-ausgelassene Fest. Sie können natürlich jedes beliebige Motiv, das für das Brauchtum Ihrer Region typisch ist, wählen oder die Kinder in der Wahl des Motivs ganz frei lassen.

Bei uns besucht die Prinzengarde traditionell an Weiberfastnacht den Kindergarten. Dann stellen unsere Kita-Kinder als Geschenk für die Gäste Orden her. Deshalb habe ich mich in diesem Projekt für eine produktorientierte Arbeit entschieden. Das bedeutet, die Kinder erhalten ein vorgezeichnetes Clownsgesicht zum Ausschneiden und Ausmalen (siehe Kopiervorlage auf S. 91). Anschließend haben sie die Möglichkeit, den Orden frei zu verzieren. Deshalb werden die Ergebnisse dennoch sehr individuell.

Die Auswahl der Stifte hängt vom Alter der Kinder und Ihrer Intention für das Angebot ab: Bei jüngeren Kindern empfehlen sich Wachsmalstifte, da sie sich leichter greifen lassen und die Farben leuchten, auch wenn wenig Druck ausgeübt wird. Vorschulkinder zeichnen manchmal lieber mit Buntstiften, da sie mit ihnen besser kleine Details darstellen können. Für das Beispiel auf den Fotos habe ich mich für die eher verpönten Filzstifte entschieden, da sie sehr kräftige, leuchtende Farben bieten, die für einen Orden gut geeignet sind. Er soll schließlich auch von Weitem gut sichtbar sein. Außerdem stehen die Filzstifte den Kindern sonst (zumindest in unserer Einrichtung) nicht zur Verfügung, sodass es für die Kinder etwas Besonderes ist, damit zu malen.

Alter: ab 3 Jahre

Gruppengröße: 4–8 Kinder

Dauer: 30–45 Minuten

Material für die Karnevalsorden:

- Tonkarton in leuchtenden Farben, DIN A3
- 2 Pappschablonen, Kreis ca. 15 cm Ø und ca. 11 cm Ø
- Bleistift
- weißes Zeichenpapier oder kopierte Vorlage (s. S. 90)

- Filzstifte, Buntstifte oder Wachsmalstifte
- flüssiger Bastelkleber
- Klebestift
- Glitzer
- Pailletten in verschiedenen Farben und Formen
- Konfetti
- Kiste mit Resten unterschiedlicher Papierarten, z. B. Goldpapier oder Spitzenpapier, Luftschlangen, Tapetenreste
- Locher
- Bastelscheren
- Band zum Umhängen (Schleifenband, Satinband, Geschenkband)

Tipps zum Materialeinkauf finden Sie im Anhang. Dort finden Sie auch die Kopiervorlage für das Clownsgesicht.

Ablauf

Zeigen Sie den Kindern zu Beginn der Kreativstunde ein oder mehrere Beispiele für Karnevalsorden. Vielleicht können Sie echte Exemplare ausleihen oder Fotos aus dem Internet ausdrucken. Dann erzählen Sie ihnen, wofür die Orden hergestellt werden, in unserem Beispiel als Geschenk für die Prinzengarde, in Ihrer Einrichtung vielleicht als Dekoration. Das Material zum Bemalen und Verzieren steht noch nicht auf dem Tisch, dort liegen zunächst nur Tonkarton, die Schablonen, Bleistifte und Bastelscheren bereit. Zunächst sucht sich jedes Kind ein Stück Tonkarton in einer Farbe seiner Wahl aus, mithilfe der größeren Pappschablone zeichnet es einen Kreis darauf und schneidet ihn aus. Im nächsten

Schritt schneidet es mithilfe der kleineren Pappschablone aus dem weißen Zeichenpapier einen Kreis mit einem Durchmesser von 11 cm oder die kopierte Clownsvorlage aus.

Wenn alle Kinder beide Kreise ausgeschnitten haben, stellen Sie das vorbereitete Material zum Bemalen und Verzieren auf den Tisch. Nun malt jedes Kind seine Clownsvorlage farbig aus oder malt ein eigenes, zum Thema „Karneval" passendes Motiv auf den weißen Kreis. Die Kinder können ein Motiv entwerfen und anschließend bunt ausmalen oder ohne Entwurf direkt losmalen. Es ist eine besondere Herausforderung, auf einem kreisförmigen Stück Papier zu zeichnen, da normalerweise nur rechteckiges Papier zur Verfügung steht.

Wenn alle Kinder ihr Motiv fertig gestaltet haben, kleben sie es mittig auf den Tonkartonkreis. Bevor sie nun den Rand verzieren, sollte dort zuerst ein Loch mit dem Locher gestanzt werden, sonst fehlt hinterher der Platz dafür. Beim Lochen brauchen die meisten Kinder etwas Unterstützung. Nun verzieren die Kinder ihre Orden nach Herzenslust: Sie tragen flüssigen Kleber auf und streuen Glitzer darüber. Schütten Sie überschüssigen Glitzer hinterher in eine Schale ab und verwenden Sie ihn später wieder. Für die Pailletten wird der Kleber nur punktuell aufgetragen. Für größere Elemente, wie Luftschlangen, Gold- oder Spitzenpapier, empfiehlt sich ein Klebestift.

Zuletzt wird die Länge des Bandes abgemessen, mit dem der Orden um den Hals gehängt werden soll. Das verknotete Band sollte noch gut um den Kopf passen (etwa 100 cm Länge). Die Kinder ziehen das Band durch das Loch im Orden und verknoten es. Viele Kinder können auch im Vorschulalter noch keinen Knoten machen. Das ist eine gute Gelegenheit, ihnen zu zeigen, wie das geht. Falls genug Zeit ist, sollten die Kinder erst mit dicker Wolle üben, bevor sie ein Satin-oder Geschenkband verknoten, da es sich aufgrund des glatten bzw. festen Materials schwerer verknoten lässt.

Stellen Sie die Ergebnisse dieser Kreativ-Stunde nun an der Pinnwand aus, bevor die Kinder sie mit nach Hause nehmen oder verschenken.

März
EIN BILDERBUCH
VOM FRÜHLING
VON
LEONAS

Bilderbuchprojekt zum Thema „Frühling“

Im März stellen wir ein kleines Bilderbuch zum Thema „Frühling“ her. Wie viele Seiten dieses Buch bekommt, entscheiden Sie anhand des Alters der beteiligten Kinder und der Zeit, die zur Verfügung steht. Damit ein Buchcharakter entsteht, sollten es jedoch mindestens sechs Seiten sein: drei davon mit einem Gedicht oder einer kleinen Geschichte und drei mit dazu passenden von den Kindern gemalten oder gezeichneten Bildern zu den Texten. Dazu kommen noch Vorder- und Rückseite aus stabilem Tonkarton. Auf den folgenden Seiten stelle ich drei beispielhafte Kindergedichte zum Thema Frühling vor und zeige als Anregung dazu passend gestaltete Bilder. Es gibt zahlreiche Geschichten- und Gedichtsammlungen zum Thema „Frühling“, beispielsweise *Unser Frühjahrs- und Osterbuch*. Darin finden Sie weitere Gedichte und Geschichten (siehe Buchempfehlungen und Tipps im Anhang).

TIPP:

Natürlich können Sie auch die meistgeliebten Frühlingslieder aus Ihrer Einrichtung wählen oder mit den Kindern eine eigene Geschichte schreiben – die hier vorgestellten Gedichte sollen nur eine Inspirationsquelle sein.

Alter: ab 4 Jahre **Gruppengröße:** 4–6 Kinder

Dauer: 4–6 Kreativstunden à 30–45 Minuten (Pro Kreativstunde können 1–2 Bilder mit Wachsfarben gestaltet werden. Für das Aquarellbild planen Sie 1 Stunde ein sowie mindestens 1 Stunde für das Kleben und Binden.)

Material für das Bilderbuchprojekt:

- Tonkarton in frühlingshaften Farben (z. B. Gelb, Hellgrün), DIN A4, für Vorder-und Rückseite des Buches
- Tonpapier, DIN A4, in passenden Farben zum Tonkarton
- Klebestift
- Locher
- Bastelscheren
- Wolle
- Kopien von Gedichten für das Buch in der Anzahl der teilnehmenden Kinder

Tipps zum Materialeinkauf finden Sie im Anhang.

Ablauf

So sieht das fertige Buch aus.

Zur Einführung zeigen Sie den Kindern ein selbst gemachtes Beispielexemplar, das Sie selbst oder ein Kind im letzten Kita-Jahr gestaltet hat. Erklären Sie ihnen anhand des Beispielexemplars die Schritte, die nötig sind, um ein Bilderbuch selbst zu machen: Das Titelbild gestalten, die Bilder zu den einzelnen Gedichten oder Geschichten malen oder zeichnen, schließlich alles zusammenkleben und binden. Die Kinder sind nach meiner Erfahrung sehr motiviert von der Aussicht, später ihr eigenes Bilderbuch mit nach Hause nehmen zu können. Für die erste Stunde bereiten Sie eine Grundlage für das Buchcover vor: In schöner Handschrift (Druckbuchstaben) oder auf dem Computer schreiben Sie im Querformat: „Ein Bilderbuch vom Frühling von" (siehe Foto des fertigen Bilderbuches). Drucken oder kopieren Sie diese Vorlage für jedes Kind in DIN A4.

Materialliste für die Wachsmalbilder:

- Wachsmalblöckchen oder -stifte
- weißes Zeichenpapier, DIN A4

Alle Kinder bekommen eine Vorlage für das Buchcover. Jedes schreibt zunächst allein oder mit Ihrer Unterstützung seinen Namen unter die Überschrift. Anschließend gestalten die Kinder dann ein frühlingshaftes Titelbild mit Wachsmalstiften oder -blöckchen. Da das Malen des Titelbildes in der Regel nicht viel Zeit in Anspruch nimmt, können die Kinder danach das erste Gedicht illustrieren.

1. Bild

Dafür wird das folgende Gedicht mit Wachsmalblöckchen oder -stiften illustriert. Lesen Sie es zunächst vor.

Frühling

Hier seht ihr schon die Bimmelbahn,
sie schnauft und zuckelt, hält jetzt an.
Steigt alle ein und fahrt mal mit!
„Frühling" heißt die Haltestelle,
der Schaffner zeigt die rote Kelle.
Wir steigen aus und schauen uns um,
Frühling ist hier rundherum!
Die Blumen blühn gelb, rot und blau,
die Wiese glitzert noch vom Tau.
Herr und Frau Amsel bau'n ein Nest
auf dem alten Apfelbaum.
Bald ist Ostern, welch ein Fest,
es ist Frühling, welch ein Traum!

(Annette Riegel)

Da in diesem Gedicht so viele Einzelheiten erwähnt werden, können die Kinder zwei Bilder dazu gestalten. Das ist aber kein Muss, sondern sollte ihnen freigestellt werden. Das erste Bild stellt die Bimmelbahn dar. Nicht alle Kinder haben das Wort „Bimmelbahn“ schon mal gehört, daher ist eine Erklärung, aus welcher Zeit dieser Begriff stammt und was er bedeutet, sinnvoll, bevor es ans Werk geht. Erzählen Sie ihnen, dass die Eisenbahn früher mit Dampf betrieben wurde, da es noch keinen Strom gab. Schranken und Ampeln gab es auch noch nicht. Deshalb hatte jede Dampflokomotive eine große Glocke, um die Menschen zu warnen. Wenn Sie möchten, können Sie den Kindern Fotos von alten Dampfloks oder auch ein Video mit Geräuschen zeigen (z. B. auf einer Videoplattform „Dampflokomotive Glocke“ eingeben).

Beispielseite 1 „Frühling“

TIPP:

Es empfiehlt sich, den Kindern in der Kreativ-Stunde überwiegend Wachsmalblöckchen und -stifte anzubieten. Erfahrungsgemäß malen sie im Alltag meist mit Buntstiften und zudem bieten insbesondere Wachsmalblöckchen mehr Möglichkeiten: Mit ihnen kann man flächig malen, indem die breite Seite aufgesetzt wird, oder linear, wenn mit einer Kante oder Ecke gemalt wird. Dadurch regt die Handhabung der Wachsmalblöckchen die Feinmotorik an. Die Wachsmalblöckchen haben übrigens auch den Vorteil, dass ein sehr detailliertes Zeichnen nicht möglich ist. Dadurch werden die Kinder angeregt, den Fokus mehr auf die Farbe zu legen, statt sich zu sehr an der Form zu stören.

2. Bild

Falls die Kinder ein zweites Bild zu diesem Gedicht malen wollen, könnten darauf der Baum, das Vogelnest und ein Vogel oder mehrere Vögel zu sehen sein. Das ist für einige Kinder eine Herausforderung, da manche noch nie einen Vogel gemalt haben. Ermutigen Sie sie, indem Sie in den Kreativ-Stunden immer wieder betonen, dass es in der Kunst kein „richtig“ und „falsch“, kein „schön“ oder „hässlich“ gibt. Jedes Kind kann hier so malen, wie es mag, und es wird nicht bewertet. Das hilft den Kindern meist, den Mut zu finden, mit dem Zeichnen anzufangen.

Beispielseite 2 „Frühling“

3. Bild

Beispielseite „Kletterbüblein“

Dafür wird dieses Gedicht mit Wachsmalblöckchen oder -stiften illustriert. Lesen Sie es zunächst vor.

Kletterbüblein

Steigt das Büblein auf den Baum,
ei, so hoch, man sieht es kaum!
Schlüpft von Ast zu Ästchen,
hüpft zum Vogelnestchen.
Ui! Da lacht es,
hui! da kracht es –
plumps, da liegt es drunten!

(Friedrich Güll, 1812–1879)

4. Bild

Bei dem letzten hier vorgeschlagenen Bild werden Deckfarben zum Malen und Drucken verwendet. Dafür eignet sich ein Ostergedicht besonders gut, da sowohl der Hase als auch die Eier mit den Fingern gedruckt werden können.

Materialliste für das Aquarellbild:

- Aquarellpapier, 150 g/m², etwas kleiner als DIN A4
- Wasserfarben (Deckfarbkasten)
- Tempera-Block braun
- kleine Schüssel mit Wasser
- Flach- oder Borstenpinsel, Pinselgröße 10
- Wassergläser
- Lappen zum Abtrocknen des Pinsels und der Finger
- Trockengestell

Tipps zum Materialeinkauf finden Sie im Anhang.

Das folgende Gedicht ist ebenfalls unter dem Aspekt ausgewählt, dass es vielfältige Impulse zum Malen bietet.

Das Osterei.

Hei, juchhei! Kommt herbei!
Suchen wir das Osterei!
Immerfort, hier und dort
Und an jedem Ort!
Ist es noch so gut versteckt,

Endlich wird es doch entdeckt.
Hier ein Ei! dort ein Ei!
Bald sind's zwei und drei.
Wer nicht blind, der gewinnt
Einen schönen Fund geschwind.

Eier blau, rot und grau
Kommen bald zur Schau.
Und ich sag's, es bleibt dabei,
Gern such' ich ein Osterei:
Zu gering ist kein Ding,
Selbst kein Pfifferling.

(August Heinrich Hoffmann v. Fallersleben, 1798–1874)

Auf dem Bild (siehe nächste Seite) werden die Finger zum Drucken eingesetzt, um die Hasen und die Eier darzustellen. Dazu befeuchten die Kinder einen Finger in der Wasserschüssel und drücken ihn dann direkt auf den braunen Tempera-Block. Zunächst drucken sie mit dem Daumen Kopf und Körper, dann mit dem Zeigefinger die langen Ohren und zuletzt mit dem kleinen Finger den Puschelschwanz. Augen, Schnauze, Schnurrbarthaare und Mäulchen können die Kinder bei Bedarf mit einem dunklen Buntstift zeichnen, wenn die Tempera-Farbe getrocknet ist. Anschließend gestalten die Kinder die Umgebung des Hasen: Wiese, Blumen, Apfelbaum, Himmel – und was den Kindern sonst noch einfällt. Zum Schluss werden die Ostereier in möglichst vielen bunten Farben mit den Fingern auf das Bild gedruckt.

Binden des Bilderbuches

Wenn die Kinder alle Bilder zu den Gedichten fertiggestellt haben, können Sie gemeinsam die Bilderbücher binden: Zunächst müssen die Blätter mit den Gedichten und die gemalten Bilder auf den Tonkarton bzw. das Tonpapier aufgebracht werden. Dabei werden jeweils Vorder- und Rückseite der Bögen beklebt: Auf die erste Seite aus Tonkarton kommt das Titelbild, auf die Rückseite dieses Bogens wird das erste Gedicht platziert. Auf den nun folgenden Bogen Tonpapier wird das zu dem Gedicht passende Bild geklebt, auf dessen Rückseite das nächste Gedicht usw.

Die Kinder brauchen Unterstützung beim Kleben, damit sie die Reihenfolge der Seiten beim Kleben einhalten. Wenn alle Bilder aufgeklebt sind, sollten Sie die fertigen Seiten zunächst mindestens einen Tag unter schweren Büchern pressen.

Danach werden die Buchseiten an der linken kurzen Seite mittig gelocht und zusammengebunden. Dazu dreht jedes Kind ein Band aus zwei Wollfäden von ca. 150 cm Länge. Das geht am besten zu zweit: Zwei Kinder stehen sich gegenüber und halten die beiden Wollfäden in den Händen, sodass sie gespannt sind. Dann fangen beide Kinder an, zu drehen, und zwar in entgegengesetzte Richtungen. Sie müssen sich also vorher absprechen, wer in welche Richtung dreht: Dreht das eine Kind nach links, muss das andere nach rechts drehen. Gedreht wird so lange, bis die Fäden ganz stramm miteinander verflochten sind und unter hoher Spannung stehen. Dann wird das Band in der Mitte zusammengelegt und losgelassen: Es ringelt sich nun von selbst ineinander und ergibt ein stabiles Band. Dieses Band wird nun durch die Löcher gezogen und vorn zur Schleife gebunden. Beim Zusammenbinden lassen Sie unbedingt genug Luft (siehe Foto vom fertigen Buch auf S. 60), damit die Seiten gut umgeblättert werden können. Bei den Vorschulkindern kann dieser Vorgang wieder als Übungsfeld zum Schleifebinden-Lernen benutzt werden. Natürlich können Sie sich auch für andere Bindungen entscheiden, beispielsweise eine Spiralbindung. Die hier vorgestellte Bindung bietet den Kindern die Möglichkeit, sie selbst zu machen, ist aber auch zeitintensiver.

Das Bilderbuch ist nun fertig und die Kinder dürfen es stolz mit nach Hause nehmen. Vielleicht möchten Sie in der Kita aber auch noch eine kleine Ausstellung mit allen Büchern organisieren.

APRIL

Kunststoff-Ostereier umfilzen oder komplette Ostereier filzen

Das Osterfest bietet Anlass für viele Bastel- und Kreativaktionen. Ein zentrales Symbol für Ostern ist das Ei. Es stand schon in vorchristlichen Kulturen für Fruchtbarkeit und den Neuanfang. In der christlichen Fastenzeit durften die Eier nicht verzehrt werden, weshalb sie zur längeren Haltbarkeit gekocht wurden und dann Ostern ein wichtiger Bestandteil des Ostermahles wurden. Schon seit über 300 Jahren gibt es den Brauch, die Eier für die Kinder zu verstecken.
In dieser Kreativ-Stunde umfilzen die Kinder ein Kunststoff-Osterei, das sie dann zu Hause an den Osterstrauß hängen können.

Alter: ab 3 Jahre

Gruppengröße: 3–4 Kinder

Dauer: 30–45 Minuten

Material für die umfilzten Eier:

- weiße Kunststoff-Eier, Größe wie echtes Hühnerei (6 cm)
- Filzwolle, weiß und farbig
- Olivenseife, im Block oder in Flocken
- kleine Metallreibe (falls die Seife im Block ist)
- Wasserkocher
- Thermoskanne
- Badethermometer
- Schneebesen
- 2 Plastikschüsseln (Ø ca. 20–30 cm)
- kleine Handtücher als Unterlage für jedes Kind
- Apfelessig oder Essigessenz
- Nähgarn und Nähnadel
- feste Butterbrot-Tüten, weiß
- Wachsmalstifte oder -blöckchen
- falls gewünscht: Buntstifte, Deckfarbkasten, Pinsel, Wassergläser
- Klebestreifen

Tipps zum Materialeinkauf finden Sie im Anhang.

Ablauf

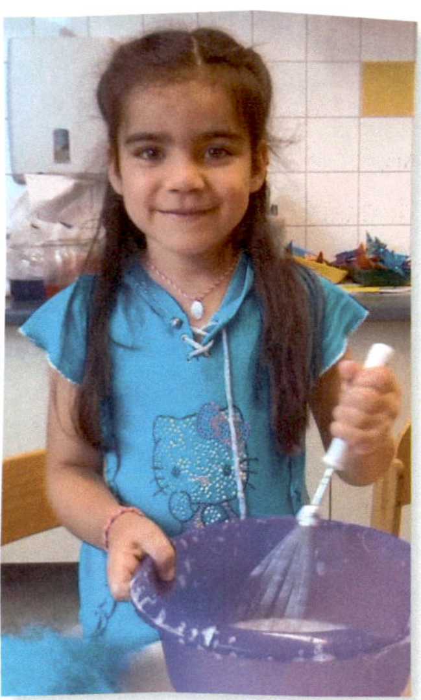

Zeigen Sie den Kindern ein fertiges, umfilztes Ei. „Erinnert ihr euch noch an das Glückssteinefilzen im Sommer? Heute filzen wir Ostereier". Im Vergleich mit den umfilzten Steinen ist das Umfilzen der Kunststoff-Eier eine größere Herausforderung, da diese deutlich glatter sind als die Steine. Zur Einstimmung können Sie mit den Kindern z. B. das bekannte Lied *Stups, der kleine Osterhase* singen. Kochen Sie vorbereitend Wasser im Wasserkocher und füllen Sie es in eine Thermoskanne. Falls Sie Blockseife besorgt haben, lassen Sie die Kinder reihum ein paar Seifenflocken vom Olivenseifenblock in eine Plastikschüssel reiben. Für eine Schüssel mit ca. 20 cm Durchmesser oder eine Menge von 1 l Wasser werden 1 EL Olivenseifenflocken benötigt. Anschließend schütten Sie ein wenig heißes Wasser in die Schüssel (Vorsicht!) und warmes Wasser dazu, bis die Temperatur 40 °C beträgt. Prüfen Sie das mit dem Thermometer. Dann dürfen die Kinder mit einem Schneebesen die Seifenlauge aufschlagen, bis sich die Seifenflocken aufgelöst haben.

Falls sich an dem Kunststoff-Ei schon ein Aufhängefaden befindet, muss dieser vor dem Filzen abgeschnitten werden, da er dabei stört.

Nun können die Kinder mit dem Filzen beginnen: Das Prinzip ist das gleiche wie bei den Glückssteinen (siehe Schritt-für-Schritt-Anleitung, S. 16 f.): Zunächst umwickeln die Kinder das Kunststoff-Ei mit einer Schicht weißer Wolle, lassen es von Ihnen in die Seifenlauge tauchen und filzen die Wolle vorsichtig an. Diese erste Schicht ist schwierig, da das Kunststoff-Ei so glatt ist. Daher brauchen die Kinder meist etwas Hilfe, bis die erste Schicht fest um das Ei herumliegt und eine gute Grundlage für die nächsten Schichten ist.

Wenn die erste Schicht fest ist, werden nacheinander verschiedene Farben in ganz dünnen Schichten um das Ei herumgelegt und angefilzt. Dazu zupfen Sie sehr wenig Wolle aus dem Vlies heraus (Achtung, nur mit trockenen Händen!) und ziehen sie auseinander, bis ein gleichmäßig dünner „Schleier" entstanden ist. Jede Farbschicht muss fest angefilzt sein, bevor die nächste Farbe daraufgelegt werden kann. Es empfiehlt sich, vorher eine bestimmte Zahl an Farben festzulegen, die jedes Kind wickeln darf, drei bis vier Farben sind ausreichend. Bei mehr als vier Farben ist die unterste Farbschicht oft nicht mehr sichtbar und das Filzen dauert zu lange.

Wenn das Kunststoff-Ei zwischendurch lauwarm geworden ist, muss es wieder in die heiße Seifenlauge getaucht werden. Damit die Lauge ihre Temperatur hält, schütten Sie von Zeit zu Zeit etwas Wasser aus der Thermoskanne nach. Nach etwa einer halben Stunde Filzen muss meist auch noch mal 1 EL Seifenflocken zugefügt werden. (weiter auf S. 74)

Variation ohne Kunststoff-Ei: komplett gefilzte Eier

Alter: ab 4–5 Jahre **Gruppengröße:** 3–4 Kinder

Dauer: 2-mal 30–45 Minuten

Material für die komplett gefilzten Eier:

- siehe Liste S. 69 ohne Kunststoff-Eier
- Die weiße Filzwolle sollte für diese Eier im Kammzug (siehe Foto unten) gekauft werden. Sie benötigen ca. 100 g für 10 Eier.

Ablauf

Mithilfe des Kunststoff-Eies können auch kleinere Kinder schon recht schnell ein buntes Ei filzen. Wenn Sie jedoch für Ihre Vorschulkinder eine Herausforderung suchen oder lieber ohne Kunststoff-Ei arbeiten möchten, können die Kinder das Ei auch komplett aus Wolle filzen. Hierfür müssen Sie allerdings mehr Zeit einplanen. Es werden zwei Kreativstunden dafür benötigt. Für diese Eier wird der Kern aus weißer Filzwolle im Kammzug gefertigt. „Kammzug" bedeutet, dass die Wolle vorgekämmt und in einem Strang vorliegt, was das Wickeln sehr erleichtert. Nehmen Sie etwa 5–7 g Wolle pro Ei und wickeln Sie diese auf.

Filzwolle im Kammzug

Halten Sie den Wollball in der einen Hand und mit der anderen wickeln Sie die Wolle so straff wie möglich immer weiter herum, bis der abgewogene Strang aufgebraucht ist. Diese Arbeit sollten Sie für die Kinder übernehmen, denn wenn der Ball zu locker gewickelt ist, ist das Filzen erschwert und dauert erheblich länger. Beim Wickeln sollten Sie schon darauf achten, dass eher eine Eiform als eine Kugel entsteht, indem Sie die Wolle in einer Richtung dicker wickeln.

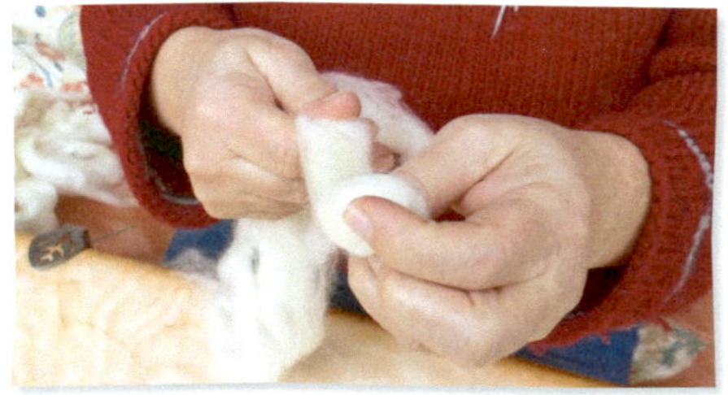

Anschließend wird das Ei in die heiße Seifenlauge getaucht und von den Kindern so lange zwischen den Händen gerollt, bis die Fasern verfilzen und das Ei immer fester wird.

Dann wird eine neue Schicht weiße Wolle um die Kugel gelegt und diese wieder in die heiße Seifenlauge getaucht (Temperatur von Zeit zu Zeit überprüfen und ggf. heißes Wasser aus der Thermoskanne nachgießen). Nun wird so lange weitergefilzt, bis das Oval etwa Hühnereigröße hat und sich fest anfühlt.

Danach werden die Eier in warmem Wasser mit einem Esslöffel Apfelessig oder Essigessenz ausgewaschen und vor dem Trocknen in Form gebracht:

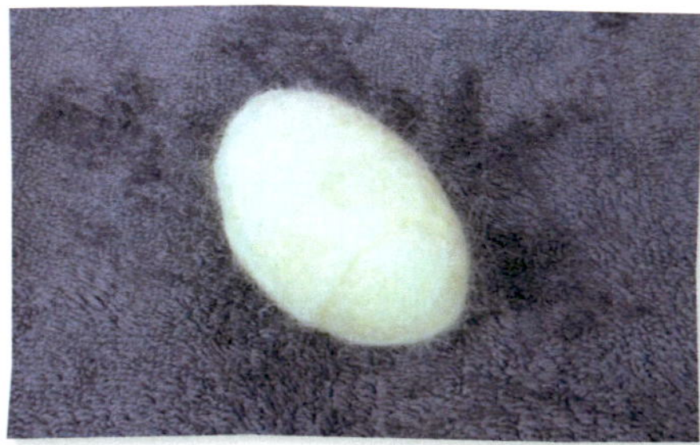

Anschließend sollten die Eier mindestens einen Tag auf einem Handtuch trocknen, bevor in der zweiten Stunde die farbigen Schichten aufgefilzt werden. Hier verfahren Sie dann genauso, wie ab S. 16 beschrieben.

Nach dem Filzen

Nach dem Filzen dauert es ca. einen Tag, bis die Filz-Eier getrocknet sind, am besten liegend auf einem Handtuch.

Nach dem Trocknen befestigen Sie noch einen Faden aus Nähgarn in einer passenden Farbe oben am umfilzten Kunststoff-Ei oder dem Woll-Ei. Falls eine Öse am Kunststoff-Ei war, können Sie diese nutzen. Stechen Sie ansonsten ein paar Mal durch die gefilzte Wollschicht, um den Faden in Form einer Schlaufe zu befestigen. Da das Ei so leicht ist, reicht dies aus. Die Kinder können noch die Butterbrot-Tüten mit österlichen Motiven bemalen und ihren Namen darauf schreiben. Nun kann das Ei vorsichtig in die Tüte gelegt und den Kindern nach Hause mitgegeben werden.

Mit einfachen Mitteln können auch aus Butterbrot-Tüten kleine Kunstwerke entstehen: Dazu malen die Kinder einfach mit Aquarellfarben und breitem Pinsel ein paar Schwünge auf die Tüte. Anschließend klecksen sie mit dem Pinsel noch ein paar Punkte – fertig!

Eine weitere schöne Gestaltungsidee zum Verschenken ist ein Handabdruck des Kindes auf der Tüte mit seinem Namen daneben.

Hier hat ein Kind den Osterhasen vom Bilderbuch-Projekt (S. 60) noch einmal gedruckt.

MAI

Regenbogen-Zauberbild

Im Mai kündigen Sie den Kindern an, dass sie ein „Zauberbild" malen. Das Interesse ist geweckt, mehr verraten Sie zunächst nicht. Als Vorübung für das Angebot im nächsten Monat, in dem die Kinder selbst Farben mischen und den Farbkreis kennenlernen werden, dient der Regenbogen. Lesen Sie zur Einführung beispielsweise eines der folgenden Rätsel vor und nachdem die Kinder erraten haben, dass es sich um den Regenbogen handelt, sprechen Sie gemeinsam über das farbenfrohe Phänomen.

Rätsel 1 → schwer

Es ist die wunderschönste Brück'.
Darüber noch kein Mensch gegangen.
Doch ist daran ein seltsam' Stück,
Dass über ihr die Wasser hangen
Und unter ihr die Leute gehen,
Ganz trocken, und sie froh ansehn,
Die Schiffe segelnd durch sie ziehn,
Die Vögel sie durchfliegen kühn;
Doch stehet sie im Sturme fest,
Kein Zoll noch Weggeld zahlen lässt.

(Achim von Arnim, 1781–1831,
Clemens Brentano, 1778–1842)

Rätsel 2 → einfach

Kennst du die Brücke ganz aus Licht,
braucht Steine, Holz und Pfeiler nicht?
Viele Farben kannst du sehen,
musst mit dem Rücken zur Sonne nur stehen,
wenn vor dir eine Wolke weint
und die Sonne durch sie scheint.

(Annette Riegel)

Einige Kinder wissen schon, dass die Erscheinung des Regenbogens an das Zusammentreffen von Sonne und Regen geknüpft ist. Falls Sie ein Prisma besorgen können, wird es die Kinder sehr faszinieren, dass man mit ihm einen kleinen „Regenbogen" ins Zimmer zaubern kann. Auch ein geschliffener Glastropfen, wie er oft in Fenstern hängt, erzeugt einen ähnlichen Effekt. Dafür muss allerdings die Sonne scheinen.

Alter: ab 4 Jahre

Gruppengröße: 4–6 Kinder

Dauer: 45 Minuten

Material „Zauberbild":

- Aquarellpapier, 150 g/m², auf DIN A4 zugeschnitten
- Flach- oder Borstenpinsel, Pinselgröße 12 oder 14
- Wachsmalstifte, möglichst mit hohem Bienenwachsanteil
- Aquarellfarbe, blau
- Schälchen für die Farbe, z. B. Deckel von Marmeladengläsern
- Pipette zum Verdünnen der Farbe
- Wassergläser
- Läppchen zum Pinselabtrocknen
- evtl. ein Prisma oder eine geschliffene Glaskugel
- Trockengestell

Tipps zum Materialeinkauf finden Sie im Anhang.

Ablauf

Rühren Sie zur Vorbereitung die Farbe mit Wasser in einem sauberen Marmeladenglas an. Die Verdünnung richtet sich nach der Art der Farbe: Bei Aquarellfarben aus der Tube werden etwa ein Teil Farbe und zwei Teile Wasser benötigt. Geben Sie am besten das Wasser mit der Pipette tropfenweise zu und probieren Sie zwischendurch immer wieder auf einem mit Wachsmalstiften bemalten

Stück Papier aus, wie sich die Farbe verhält. Wenn das Blau die richtige Konsistenz hat (s. Anleitung ab S. 50), verteilen Sie die Farbe auf die Schälchen und stellen sie zunächst zur Seite.

Als Einstieg in die Kreativarbeit besprechen Sie mit den Kindern, dass die Reihenfolge der Farben im Regenbogen immer gleich ist. Anhand eines Fotos oder eines gemalten Bildes stellen Sie gemeinsam fest, welche Farben im Regenbogen vorkommen und wie sie aufeinanderfolgen (von unten nach oben: Violett, Dunkelblau, Hellblau, Grün, Gelb, Orange, Rot).

Anschließend teilen Sie an die Kinder ein Blatt Aquarellpapier und Wachsmalstifte aus, damit sie den Regenbogen malen. Es ist wichtig, dass die Kinder die Farbe kräftig auftragen, damit die Wachsmalfarben später gut durch die Farbschicht, die noch darübergelegt wird, durchscheinen können.

Wenn alle Kinder einen Regenbogen gemalt haben, bekommt jedes einen Pinsel und je zwei Kinder ein Schälchen mit blauer Farbe. „Jetzt malt ihr mit der Farbe über das Bild und beobachtet, was passiert", lautet der Auftrag. Manche Kinder sträuben sich vermutlich, weil sie ihren schönen Regenbogen nicht übermalen wollen. Die Ersten haben sicher schon losgelegt und sind überrascht, dass die Wachsmalfarbe unter dem Blau wieder sichtbar wird. Nachdem alle Kinder mit der blauen Farbe aquarelliert haben, können sie weitere „Zauberbilder" gestalten, indem sie auf ein Blatt Papier zunächst Wachsmalfarbe und darüber dann Aquarellfarbe auftragen. Die Technik eignet sich besonders, um märchenhafte Geschichten dazustellen, da das Bild wie „hinter einem Schleier" liegt. Natürlich können auch andere Farben als Blau zum Übermalen genutzt werden.

JUNI

Farbkreis mit Aquarellfarben

Im Juni nähern wir uns langsam dem Ende des Kita-Jahres und die Vorschulkinder werden schulreif, was sich häufig an ihrer Unruhe bemerkbar macht. In der Kreativ-Stunde lernen die Kinder nun, wie Farben gemischt werden: dass Blau, Rot und Gelb die sogenannten Grundfarben und Grün, Orange, Violett daraus entstehende Mischfarben sind. Hier ist ihre volle Konzentration nötig und die Ruhe, die durch das Nass-in-Nass-Malen (Malen mit aufgelösten Aquarellfarben auf feuchtem Papier) entsteht, tut ihnen gut.

Alter: ab 5 Jahre **Gruppengröße:** 4–6 Kinder

Dauer: 5 Kreativ-Stunden à ca. 45 Minuten
1. Stunde: Gelb und Blau, 2. Stunde: Rot und Gelb, 3. Stunde: Rot und Blau, 4. Stunde: Rot, Gelb und Blau, 5. Stunde: Farbkreis

Material für alle fünf Stunden:

- Aquarellpapier, 150 g/m², auf DIN A4 zugeschnitten, für den Farbkreis auf 28 × 28 cm zugeschnitten
- Flach- oder Borstenpinsel, Pinselgröße 12 oder 14
- Aquarellfarben: Preußischblau, Zitronengelb und Karminrot
- Schälchen für die Farbe, z. B. Deckel von Marmeladengläsern
- Pipette oder Einwegspritze zum Verdünnen der Farbe
- Wassergläser
- Läppchen zum Pinselabtrocknen
- Zirkel
- Bade- oder Naturschwamm zum Aufziehen der Blätter
- evtl. Malbretter, falls die Tische empfindlich sind
- Trockengestell

Tipps zum Materialeinkauf finden Sie im Anhang.

Ablauf

Zur Vorbereitung rühren Sie die Farbe mit Wasser in einem sauberen Marmeladenglas an. Bei Aquarellfarben aus der Tube oder Flasche werden etwa ein Teil Farbe und zwei Teile Wasser benötigt. Am besten geben Sie das Wasser mit der Pipette tropfenweise hinzu und probieren zwischendurch immer wieder auf dem feuchten Papier aus, wie sich die Farbe verhält. Wenn sie nicht mehr zu dickflüssig, aber auch noch nicht zu wässrig ist, verteilen Sie die Farbe auf die Schälchen. Eine detaillierte Anleitung zur Nass-in-Nass-Technik finden Sie im Exkurs ab S. 49.
Geben Sie den Kindern zu Beginn nur Gelb und Blau, in der zweiten Kreativ-Stunde Rot und Gelb und in der dritten Rot und Blau. Achtung! Es ist ganz wichtig, dass Sie genau die Farbtöne nehmen, die in der Materialliste aufgeführt sind, da das Farbenmischen sonst nicht gut funktioniert. Im Goldgelb ist beispielsweise ein höherer Rot-Anteil als im Zitronengelb, weshalb das Grün dann etwas schmutzig bzw. leicht bräunlich wirkt, da aus Gelb, Rot und Blau Braun entsteht. In der vierten Stunde im Juni bekommen die Kinder dann alle drei Farben und erleben die Entstehung von Braun.
Bereiten Sie für die erste (und jede weitere) Stunde die Plätze vor, von jeder Farbe ein Schälchen und ein Wasserglas für je zwei Kinder, dazu einen Pinsel und ein Läppchen für jedes Kind. Nun holen Sie die Kinder aus den Gruppenräumen ab und lesen das Buch *Das kleine Blau und das kleine Gelb* von Leo Lionni vor. In diesem sehr bekannten Buch wird das Farbmischen anhand des Beispiels Blau und Gelb erklärt. Dann ziehen Sie für jedes Kind ein Blatt auf und sie können beim Malen die Entstehung von der Farbe Grün aus Gelb und Blau selbst erleben.
Darauf aufbauend, können Sie in den nächsten beiden Kreativ-Stunden die weiteren Farbmischungen (Rot-Gelb und Blau-Rot) mit den Kindern ausprobieren. Die Handhabung des Pinsels und das Auswaschen kennen die Kinder nun schon von früheren Projekten. Das feuchte Blatt unterstützt die Vermischung der Farben und während des Malens leuchten die Farben besonders kräftig, was den Malprozess anregt.
Sehr gut zur Vorbereitung der vierten Stunde eignet sich das Buch: *Die wahre Geschichte von allen Farben. Für Kinder, die gern malen* von Eva Heller. Im Buch passiert genau das, was meist auf den Blättern der Kinder auch passiert, wenn sie mit allen drei Farben malen: Irgendwann endet alles in einer braunen „Schlammwüste“. Erst wenn das Weiß dazukommt, beruhigt sich die Szene. Die ursprünglichen Farben kommen aus dem Chaos wieder hervor und ordnen sich dann im Farbkreis. Das Buch *Hallo, roter Fuchs* von Eric Carle kann ebenfalls ergänzend zum Thema „Farbenlehre“ eingesetzt werden. Es zeigt den Kindern das Phänomen des sogenannten „Nachbildes“ auf. Wenn man zuerst eine farbige Fläche einige Minuten fixiert und dann auf eine weiße Fläche schaut, entsteht auf der weißen Fläche die Komplementärfarbe zur vorher angeschauten

Farbe. Schaut man zuerst auf Blau, entsteht beispielsweise Orange (Mischung aus Rot und Gelb, alle drei ergänzen sich). Im Anhang finden Sie weitere Anregungen für Bilderbücher zum Thema „Farben".

Die Begegnung des kleinen Blau und des kleinen Gelb

Rot und Blau treffen aufeinander.

Das kleine Rot und das kleine Blau mit Verwandtschaft

Hier wird schon mit allen drei Grundfarben gemalt. Im Verlauf verändert sich das Bild ständig.

Auf dem getrockneten Bild wirken die Farben heller und sind noch einmal weiter auseinandergeflossen. Gelb und Rot leuchten intensiv hinter der Dunkelheit hervor:

Als Abschluss des Projekts malen die Kinder einen Farbkreis. Dafür zeichnen Sie mit Bleistift einen Kreis mit sechs Feldern auf Papier für jedes Kind vor.

Ziehen Sie mit dem Zirkel einen Kreis mit einem Radius von 13 cm. Anschließend ziehen Sie eine waagrechte Linie durch den Kreismittelpunkt.

Um den Kreis nun in sechs gleich große Felder einzuteilen, stechen Sie mit dem Zirkel (immer noch auf den Radius von 13 cm eingestellt) jeweils dort, wo die waagrechte Linie den Kreisrand berührt, ein und zeichnen auf der Kreislinie in beide Richtungen den Punkt an, wo der Zirkel auf dem Kreis endet.

Wenn Sie so alle sechs Schnittpunkte ermittelt haben, verbinden Sie die Schnittpunkte, indem Sie das Lineal durch den Kreismittelpunkt legen.

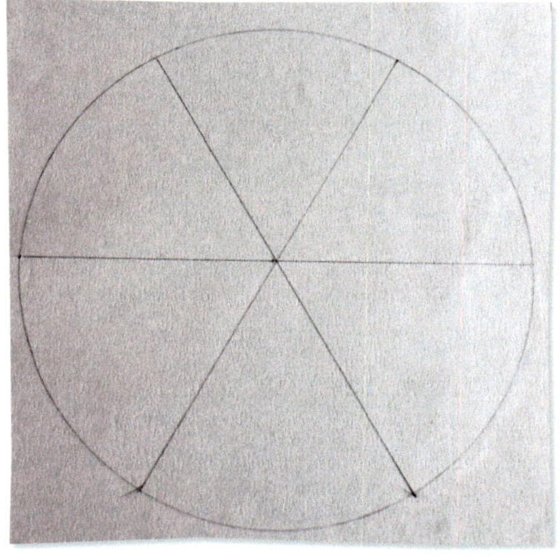

Es ist ein Kreis mit sechs Feldern entstanden, der den Kindern eine Orientierungshilfe ist, um den Farbkreis zu malen. Die Bleistiftlinien sollten Sie so zart wie möglich zeichnen, damit sie im späteren Bild nicht so auffällig sind. Sie sind hier nur für das Foto zur Verdeutlichung kräftiger gezeichnet.

Nach der Farbenlehre von Goethe sitzt das Rot als „König" oben in der Mitte des Farbkreises.

Diese Anordnung der sechs Grundfarben geht auf die Farbenlehre von Johann Wolfgang von Goethe zurück. Das Rot befindet sich oben in der Mitte, da es „der König" ist. Rechts neben dem Rot folgen im Uhrzeigersinn Orange, dann Gelb, Grün, Blau und Lila. Die beiden wichtigsten anderen Künstler bzw. Wissenschaftler, die eigene Farbenlehren entwickelt haben, sind Isaac Newton und Johannes Itten. Im Anhang finden Sie zwei Bücher, die sich praxisnah mit dem Thema „Farben" und „Farbenlehre" auseinandersetzen (*Wie Farben wirken* und *Farbenlehre easy*).

JULI

Malen wie die großen Künstler

Mit einem besonderen Kunstprojekt können Sie das Kita-Jahr mit den Kindern beschließen. Es eignet sich besonders für die Arbeit mit Vorschulkindern. Hier beschäftigen sie sich mit der Welt der Kunst und die Kinder erhalten einen ersten Einblick in die Kunstgeschichte. Zur Einführung können Sie beispielsweise das Buch *Vincents Sternennacht* (siehe Anhang) einsetzen und einige Kunstwerke daraus zeigen oder ein Stück daraus vorlesen.

Alter: ab 5 Jahre

Gruppengröße: 4–8 Kinder

Dauer: 45 Minuten

Material für das Wiesenbild:

- Aquarellpapier, 150 g/m², auf DIN A4 zugeschnitten
- Flach- oder Borstenpinsel, Pinselgröße 10 oder 12
- Wasserfarben (Deckfarbkästen)
- Wassergläser
- Läppchen zum Abtrocknen der Pinsel
- Trockengestell

Tipps zum Materialeinkauf finden Sie im Anhang.

Ablauf

Zu Beginn der Stunde fragen Sie die Kinder, ob sie wissen, was ein*e Künstler*in macht und wo er bzw. sie arbeitet. Es entspinnt sich ein kleines Gespräch darüber, dass „Kunst zu machen" ein Beruf sein kann, für den man lange studieren oder lernen muss. Sprechen Sie mit den Kindern über verschiedene Materialien, mit denen Künstler*innen arbeiten: Farben, Papier, Pinsel, Ton, Stein, Holz, Textilien und manches mehr. Zeigen Sie den Kindern anschließend das Bild *Großes Rasenstück* (1503) von Albrecht Dürer.

Dürer hat sehr detailgetreu einen Ausschnitt aus einer Wiese mit Aquarellfarben gemalt. Stellen Sie den Kindern die Frage: „Wie hat er das wohl gemacht?" Die Kinder kommen vermutlich früher oder später auf die Idee, dass er in die Natur gegangen sein könnte, um sich einen Ausschnitt einer Wiese genau anzusehen. Tun Sie das ebenfalls. Jedem Kind geben Sie die Aufgabe, sich ein Stück von der Wiese so lange anzusehen, bis es dieses Wiesenstück gleich aus der Erinnerung malen kann.

Dieser Junge nahm den Auftrag sehr ernst und ging im Laufe der Kreativ-Stunde immer wieder nach draußen, um sich noch einmal Details anzusehen.

So entstand Schritt für Schritt sein Wiesenbild:

Auf diese Weise entstehen höchst individuelle Kunstwerke, die den Vergleich mit den großen Meistern nicht zu scheuen brauchen.

Zum Abschluss des Kreativ-Jahres

Falls es in der Nähe Ihrer Einrichtung ein Kunstmuseum gibt, kann ein Ausflug dorthin ein schöner Abschluss für die Teilnehmer*innen Ihrer Kreativ-Stunde sein. Inzwischen gibt es fast in jedem Museum ein museumspädagogisches Führungs- und Workshop-Programm.

Falls das nächste Museum zu weit weg sein sollte, ist vielleicht ein Besuch im Atelier einer Künstlerin oder eines Künstlers realisierbar. Am besten geeignet ist jemand, der Kurse für Kinder anbietet. Dann ist sichergestellt, dass der Besuch kindgerecht gestaltet wird und dass die Kinder auch selbst künstlerisch tätig werden können.

„Das Haus der Künstlerin"

Beispiel für einen Elternbrief: Die Kreativ-Stunde

Liebe Eltern,

in diesem Kita-Jahr werden wir eine regelmäßige Kreativ-Stunde anbieten.

In der Kreativ-Stunde geht es um das Kennenlernen und Ausprobieren verschiedener künstlerischer Techniken, die den Kindern möglichst viel eigene Gestaltungsfreiheit lassen. Dabei liegt der Schwerpunkt auf dem *Weg,* also dem freudigen Tun, und nicht dem *Ziel,* also einem Ergebnis im Sinne eines sogenannten „schönen" Bildes. Denn was ist „schön" in der Kunst? Gibt es dafür einen Maßstab? Wenn Sie in ein Museum mit Werken moderner Kunst gehen, werden Sie sehen: Es geht nicht um „schön" oder „hässlich", sondern darum, etwas auszudrücken, zu erleben, vielleicht auch aufzurütteln. Jede Künstlerin, jeder Künstler setzt ihre bzw. seine eigenen Maßstäbe. Diese Freiheit sollten wir den Kindern auch ermöglichen und sie darin bestärken, dass jede künstlerische Erfahrung wertvoll ist, egal was dabei „herauskommt".

Wir werden mit Acryl-, Transparent- und Aquarellfarben malen, Gegenstände durchreiben (Frottage), die sogenannte Wachs-Ritz-Technik und erstes Drucken erproben, auf Kleister und mit Salz malen, ein eigenes Bilderbuch herstellen, die Grundlagen der Farbenlehre erfahren und noch manches mehr. Alles verraten wir hier natürlich noch nicht … Zum Abschluss des kreativen Jahres besuchen wir das Atelier einer Künstlerin oder eines Künstlers, was den Kindern einen Eindruck vermittelt, wie professionelle künstlerische Arbeit aussehen kann, und ihnen Inspiration für das eigene Tun bietet. Danach werden wir Sie alle zu einer kleinen Ausstellung in die Kita einladen, bei der wir einen Großteil der Ergebnisse präsentieren. Einiges haben die Kinder Ihnen ja schon als Geschenk mit nach Hause gebracht, wie die umfilzten Ostereier oder die Weihnachtskarten.

Lassen Sie sich überraschen und freuen Sie sich an dem künstlerischen Potenzial Ihrer Kinder!

Ihr Kita-Team

Kopiervorlage:
Clown für den Karnevalsorden

Empfohlene Bücher

Bilderbücher

Bauer, Jutta (2005): Die Königin der Farben. Weinheim, Basel: Beltz & Gelberg.

Beskow, Elsa; Jacobsen, Ellen (Hg.) (1997): Pelles neue Kleider. 10. Aufl. Hamburg: Carlsen-Verlag.

Bird, Michael (2016): Vincents Sternennacht und andere Geschichten. Eine Kunstgeschichte für Kinder. Unter Mitarbeit von Kate Evans und Claudia Koch. Zürich: Midas Collection.

Carle, Eric (2019): Der Künstler und das blaue Pferd. Unter Mitarbeit von Ulli Günther und Herbert Günther. Hildesheim: Gerstenberg.

Carle, Eric (2012): Hallo, roter Fuchs. Hildesheim: Gerstenberg.

Heller, Eva (2012): Die wahre Geschichte von allen Farben. Für Kinder, die gern malen. Oldenburg: Lappan.

Lionni, Leo (1992): Frederick und die Farben. Ein Pappbilderbuch. Köln: Middelhauve.

Lionni, Leo (2016): Seine eigene Farbe. Deutsch von Ernst Jandl. Weinheim, Basel: Beltz & Gelberg.

Lionni, Leo; Strohbach, Günter (2014): Das kleine Blau und das kleine Gelb. Hamburg: Oetinger.

Schemm, Jürgen (2015): Paul Klee - Bilder träumen. Abenteuer Kunst. München: Prestel.

Weiterführende Literatur

Dhom, Christel (2009): Mit Kindern filzen. Stuttgart: Verlag Freies Geistesleben.

Dhom, Christel (2004): Unser Frühjahrs- und Osterbuch. Mit Kindern den Jahreslauf erleben von Fasching bis Pfingsten. Stuttgart: Verlag Freies Geistesleben.

Heller, Eva (2015): Wie Farben wirken. Farbpsychologie, Farbsymbolik, kreative Farbgestaltung. Reinbek bei Hamburg: Rowohlt Taschenbuch Verlag.

Reske, Monika (2014): Farbenlehre easy. Stuttgart: Frechverlag.

Tipps für den Materialeinkauf

Ausstattung Kreativraum/Atelier:

- Bildertrocken-Gestell – erhältlich bei Kita-Ausstattern
- Filzen: Filzwolle, Seife zum Filzen: z. B. www.trolle-und-wolle.de, www.filzen.de, www.filzundwolle.de (nur Wolle)
- Kunststoff-Eier: z. B. www.ideeshop.de, www.aurednikshop.de, https://basteln-de.buttinette.com/shop

Aquarellmalerei:

- Aquarellfarben, z. B. www.boesner.com, www.kreativ.de, www.stockmar.de. – Bei den Aquarellfarben ist für die Nass-in-Nass-Technik flüssige, wasserverdünnbare Farbe erforderlich. Sie finden sie im Internet unter dem Stichwort „Kunsterziehung“. Sogenannte „Künstler-Aquarellfarbe“ ist sehr teuer und für den Kita-Bereich nicht empfehlenswert. In manchen Onlineshops finden Sie auch detaillierte Anleitungen zu verschiedenen Techniken, z. B. zur Nass-in-Nass-Technik, dem Filzen oder dem Drucken.
- Aquarellpapier, Kunststoff-Pipetten, Pinsel – im Künstlerbedarf, z. B. www.gerstaecker.de, www.boesner.com, www.creativ-discount.de
Das Aquarellpapier ist am günstigsten in großen Bögen, die man selbst zuschneidet, sogenanntes „Schul-Aquarellpapier“.
- Malbretter: einseitig beschichtete Hartfaserplatte, 3–6 mm stark, im Baumarkt auf 40 × 50 cm (für DIN A3) oder 30 × 40 cm (DIN A4) zuschneiden lassen.

Wachsmalstifte, Wachsmalblöckchen:

- Für die in diesem Buch vorgestellten Techniken wurden Stifte oder Blöckchen mit Bienenwachsanteil benutzt. Diese gibt es beispielsweise bei www.stockmar.de, www.faber-castell.de, www.pelikan.com. Die letzten beiden Anbieter führen nur Stifte.

Drucken:

- Aqua-Linoldruckfarbe, Walze, Styrodurplatten (manchmal auch als „Polyblock-Druckplatten" bezeichnet) – z. B. bei www.als-verlag.de, www.gerstaecker.de, www.wehrfritz.com (nur Farbe und Walze). Styrodurplatten aus dem Baumarkt sind meist nicht geeignet.

Freies Malen, Salzspuren:

- Transparentmalfarbe, Acrylfarben – z. B. bei www.aurednikshop.de, www.als-verlag.de, www.gerstaecker.de, www.boesner.com (die letzten beiden Anbieter führen noch keine Transparentmalfarbe)

Bildnachweis

© akg-images | Albrecht Dürer Großes Rasenstück: S. 86

Beste, Andreas: S. 12, 13, 15, 16, 17, 18 o. l. & o. r. & u., 19, 20, 25, 44, 49, 50, 51, 53, 63 u., 71 u. r., 72, 73 u. l., 82, 83, Rückumschlag o.

Kondilis, Angelika: S. 71 u. l.

Riegel, Annette: S. 5, 11, 14, 18 m., 22, 23, 26, 27, 28, 29, 30, 31, 32, 33, 34, 35, 36, 37, 38, 39, 40, 41, 42, 43, 45, 47, 48, 52, 54, 56, 57, 58, 60, 62, 63 o., 64, 65, 68, 69, 70, 73 o. & u. r., 74, 76, 77, 78, 79, 81, 84, 85, 86 o., 87 o., 88, Rückumschlag m. & u.

Riegel, Felicia: S. 90

Shutterstock.com/Zadorozhnyi Viktor: S. 24

AUTORINNENINFO

Annette Riegel ist ausgebildete Erzieherin und Elternbegleiterin und sie studierte „Pädagogische Praxisforschung" an der Alanus Hochschule in Alfter. Sie leitete verschiedene Spielgruppen und hat viele Jahre als Gruppenleitung in einer Kindertagesstätte gearbeitet. Heute ist sie im Kindergarten „Löwenzahn" in Königswinter für die Kreativangebote für die 4- bis 6-jährigen Kinder verantwortlich.

DANK

Dieses Buch hätte nicht entstehen können ohne die Kinder der Kindertagesstätte „Löwenzahn" in Königswinter, die meine Ideen stets begeistert in die Tat umsetzten. Mein Dank gilt auch der Leiterin, Frau Elfriede Peter, dem Vorstand, den Eltern und Kolleginnen für ihre Unterstützung.

Außerdem möchte ich mich bei meiner Familie bedanken, die mir während der Entstehung des Buches mit Rat und Tat zur Seite stand.